DEPENDENCIA EMOCIONAL

LA GUÍA DEFINITIVA PARA ROMPER CICLOS TÓXICOS, RECUPERAR TU AUTOESTIMA Y CONSTRUIR RELACIONES VERDADERAMENTE SALUDABLES

MIRA HART

Dependencia Emocional

Copyright © 2024 [Mira Hart]

Primera edición

Todos los derechos reservados. Ninguna parte de este libro puede ser reproducida, distribuida, transmitida o almacenada en un sistema de recuperación, en cualquier forma o por cualquier medio, ya sea electrónico, mecánico, de fotocopia, de grabación o de cualquier otra manera, sin el permiso previo por escrito del autor. Las excepciones a esta regla se limitan a breves citas para reseñas, análisis críticos o fines académicos, siempre que se reconozca la fuente.

Este libro está destinado exclusivamente a fines informativos y educativos. El contenido aquí presentado no debe interpretarse como un sustituto del consejo profesional, diagnóstico o tratamiento por parte de un psicólogo, terapeuta, médico o cualquier otro profesional de la salud. Si tienes alguna inquietud médica o psicológica, te recomendamos que consultes a un especialista cualificado.

Exención de Responsabilidad

El autor y el editor no asumen ninguna responsabilidad por cualquier acción realizada por los lectores en base a la información contenida en este libro. Aunque se ha puesto el mayor cuidado en la preparación de este contenido, no se garantiza que la información sea completa, actual o libre de errores. El lector es responsable de sus propias decisiones y acciones basadas en la información aquí proporcionada.

Ni el autor ni el editor serán responsables de cualquier pérdida, daño, lesión o perjuicio, directo o indirecto, que pueda surgir del uso de la información contenida en este libro, incluidas, sin limitación, las pérdidas emocionales, físicas o financieras.

Enlaces y Referencias

Este libro puede contener enlaces o referencias a recursos externos. El autor no se hace responsable de la disponibilidad, precisión o contenido de dichos recursos externos, y el lector accede a ellos bajo su propio riesgo.

Declaración Final

El uso de este libro es voluntario y bajo la total responsabilidad del lector. Al utilizar este material, el lector acepta eximir al autor, al editor y a sus afiliados de cualquier responsabilidad derivada del uso o la aplicación de la información contenida en el mismo.

ÍNDICE

INTRODUCCIÓN	5
1. COMPRENDER LA DEPENDENCIA EMOCIONAL	9
2. LAS RAÍCES DE LA DEPENDENCIA EMOCIONAL	15
3. RECONOCIENDO LOS CICLOS TÓXICOS	21
4. EL MIEDO AL ABANDONO Y LA SOLEDAD	27
5. ROMPIENDO LOS MITOS DEL AMOR ROMÁNTICO	33
6. CONSTRUYENDO AUTOCONOCIMIENTO Y AUTOESTIMA	39
7. ESTABLECIENDO LÍMITES SALUDABLES	45
8. SANAR HERIDAS EMOCIONALES DEL PASADO	51
9. MINDFULNESS Y MEDITACIÓN PARA LA AUTONOMÍA EMOCIONAL	57
10. SUPERAR LA ANSIEDAD EN LAS RELACIONES	63
11. DESINTOXICACIÓN DE LAS RELACIONES TÓXICAS	69
12. RELACIONES SALUDABLES Y AUTÉNTICAS	75
13. CULTIVANDO EL AMOR PROPIO	83
14. TU NUEVA VIDA: INDEPENDENCIA EMOCIONAL Y PAZ INTERIOR	89
CONCLUSIÓN	95

INTRODUCCIÓN

Bienvenido a esta travesía personal y transformadora. Has decidido embarcarte en un viaje profundo, uno que no muchos tienen la valentía de emprender. Este libro no es solo un manual de autoayuda, sino una guía que te acompañará a lo largo de un proceso íntimo de descubrimiento personal. Es una invitación a detenerte, reflexionar y, sobre todo, a reconectar contigo mismo. Si estás aquí, es probable que en algún momento hayas sentido que las relaciones, en lugar de aportar felicidad y bienestar, se han convertido en una fuente de ansiedad, frustración o insatisfacción. Tal vez has notado que, una y otra vez, caes en los mismos patrones dolorosos que te dejan vacío y agotado.

Quiero decirte que no estás solo. Todos, en algún momento de nuestras vidas, hemos buscado fuera lo que realmente necesitamos encontrar dentro de nosotros mismos. En un mundo donde nos enseñan que el éxito y la felicidad dependen de lo que otros piensan de nosotros, puede ser fácil perder el rumbo y olvidar que la verdadera satisfacción proviene de cultivar un vínculo profundo y amoroso con nuestro propio ser.

En estas páginas, no encontrarás soluciones mágicas ni promesas de felicidad instantánea. Este libro no es un atajo, sino una brújula que te ayudará a encontrar tu propio camino hacia una vida más auténtica y plena. El proceso que iniciarás aquí requiere compromiso, apertura y, sobre todo, la disposición a explorar aspectos de ti mismo que quizás hayas ignorado durante años. Pero te prometo que, si te entregas a esta experiencia, descubrirás un tipo de libertad que no depende de nadie más que de ti.

Este viaje no se trata de convertirte en otra persona, ni de alcanzar algún ideal de perfección. En lugar de eso, se trata de **redescubrir quién eres** bajo todas esas capas que has acumulado a lo largo del tiempo: las expectativas de los demás, las creencias limitantes, los miedos que te han paralizado y las etiquetas que te has puesto a ti mismo. Se trata de soltar el peso de aquello que no te pertenece para que puedas vivir con más ligereza, autenticidad y alegría.

A lo largo de este libro, te invitaré a reflexionar sobre cómo te relacionas contigo mismo y con los demás. Te animaré a cuestionar creencias arraigadas, a desafiar tus miedos y a abrazar tu vulnerabilidad como una fuente de fuerza. No pretendo darte todas las respuestas, porque la verdad es que **las respuestas ya están dentro de ti**. Mi papel aquí es simplemente guiarte, ofrecerte herramientas y acompañarte mientras encuentras tu propio camino hacia la libertad emocional.

Tal vez te preguntes por qué es tan importante trabajar en tu relación contigo mismo. ¿Por qué dedicar tanto tiempo y energía a la introspección? La respuesta es sencilla: **porque tú eres la única constante en tu vida**. Las personas, las circunstancias y las relaciones cambian, pero tú siempre estarás contigo. Y la calidad de tu vida no depende tanto de lo que ocurre a tu alrededor, sino de cómo te relacionas con lo que ocurre, de cómo te cuidas a ti mismo y de cómo eliges responder ante los desafíos que se presentan.

Si alguna vez has sentido que no eres suficiente, que necesitas ser "perfecto" para ser amado, o que tu felicidad depende de lo que otros hagan o digan, entonces este libro es para ti. Aquí encontrarás un espacio para explorar, sanar y crecer, a tu propio ritmo y de la forma que mejor resuene contigo.

Finalmente, quiero recordarte que **no hay un destino final** en este viaje hacia la independencia emocional. No se trata de llegar a un punto en el que nunca más sientas miedo, tristeza o inseguridad. En lugar de eso, se trata de desarrollar la resiliencia y la confianza necesarias para enfrentar esos momentos con serenidad y amor propio. Se trata de aprender a ser compasivo contigo mismo y a confiar en que, pase lo que pase, tienes la capacidad de navegar por la vida con dignidad y gracia.

Así que, a medida que te adentres en estas páginas, te invito a soltar la prisa y las expectativas. Tómate tu tiempo para reflexionar, practicar los ejercicios y, sobre todo, para **escuchar tu propia voz interior**. Esta es una oportunidad para reconectar con lo que realmente importa, para priorizar tu bienestar y para comenzar a vivir una vida más auténtica y significativa.

Gracias por permitirme acompañarte en esta aventura. Estoy honrado de ser parte de tu viaje hacia una vida más libre y plena. Ahora, es el momento de dar el primer paso.

CAPÍTULO UNO

COMPRENDER LA DEPENDENCIA EMOCIONAL

Imagina a Ana, una mujer brillante y talentosa que siempre ha soñado con una relación amorosa plena y duradera. Durante años, ha saltado de una relación a otra, buscando desesperadamente el amor y la aprobación de su pareja. Sin embargo, una y otra vez, se encuentra atrapada en relaciones que la dejan sintiéndose vacía, ansiosa y, en última instancia, abandonada. Ana, sin saberlo, está atrapada en un ciclo de **dependencia emocional**, algo que afecta a muchas personas sin que sean plenamente conscientes de ello.

¿QUÉ ES LA DEPENDENCIA EMOCIONAL?

La dependencia emocional es un estado en el que una persona siente una necesidad constante de ser validada, querida o aceptada por otra persona para sentirse bien consigo misma. Es una forma de apego poco saludable que lleva a depender de una relación para obtener la sensación de seguridad y felicidad. A diferencia del amor genuino, que se basa en el respeto mutuo y la libertad, la dependencia emocional se basa en el miedo y en la necesidad de control.

En esencia, la persona dependiente emocionalmente siente que no puede ser feliz por sí sola. Busca desesperadamente la compañía de otra persona, ya sea una pareja, un amigo o incluso un miembro de la familia, con la esperanza de llenar un vacío interno. Esta dependencia no solo afecta las relaciones sentimentales, sino que también puede impactar en la vida social y profesional de la persona.

SEÑALES Y CARACTERÍSTICAS PRINCIPALES

Aunque la dependencia emocional puede manifestarse de diferentes formas, hay ciertas señales comunes que pueden ayudar a identificar este problema:

1 Miedo a la soledad: Las personas dependientes emocionales tienden a experimentar un pánico intenso ante la idea de estar solas. Para ellas, la soledad equivale a un fracaso personal y una sensación de abandono.

2 Baja autoestima: Una característica central de la dependencia emocional es la falta de amor propio. Estas personas buscan que otros las validen y les den un sentido de valor que no logran encontrar en sí mismas.

3 Necesidad constante de aprobación: Las personas dependientes suelen preocuparse excesivamente por lo que piensan los demás. Esta necesidad de ser aceptadas puede llevarlas a hacer sacrificios desmedidos para agradar a los demás, incluso a costa de su propio bienestar.

4 Relaciones desequilibradas: En una relación, la persona dependiente tiende a anteponer las necesidades de su pareja por encima de las suyas. Esta asimetría de poder lleva a que se establezcan dinámicas de control y abuso.

5 Incapacidad para establecer límites: Una señal clara de dependencia emocional es la dificultad para decir "no" y para establecer límites saludables. Temen que al expresar sus deseos o necesidades, la otra persona se aleje.

6 Idealización de la pareja: Las personas dependientes suelen idealizar a su pareja, ignorando sus defectos y excusando su comportamiento negativo.

Esta idealización a menudo se basa en la creencia errónea de que la relación es la única fuente de felicidad.

AMOR SANO VS. DEPENDENCIA EMOCIONAL

Es crucial diferenciar entre un amor sano y la dependencia emocional, ya que, en muchos casos, las personas no se dan cuenta de que están atrapadas en un ciclo de dependencia hasta que sufren las consecuencias.

El **amor sano** se basa en la libertad, el respeto mutuo y la capacidad de estar felizmente en compañía del otro sin sacrificar la propia identidad. En una relación sana, ambos individuos se apoyan mutuamente para crecer y desarrollarse como personas. Se respetan los límites y se fomenta la autonomía.

Por otro lado, la **dependencia emocional** se centra en el control y el miedo. La persona dependiente ve a su pareja como su salvador, como la única fuente de felicidad y sentido en su vida. Esta actitud puede llevar a la manipulación, los celos y la inseguridad. Una relación basada en la dependencia es desequilibrada y, en lugar de promover el crecimiento, tiende a consumir emocionalmente a ambas partes.

MITOS Y MALENTENDIDOS SOBRE EL AMOR QUE FOMENTAN LA DEPENDENCIA

En nuestra sociedad, a menudo se nos enseña una visión distorsionada del amor, lo que contribuye al desarrollo de la dependencia emocional. Estas creencias, que a menudo se perpetúan a través de la cultura popular y los medios, pueden llevarnos a tener expectativas poco realistas sobre lo que significa estar en una relación.

1 "El amor verdadero lo puede todo": Esta creencia nos hace pensar que si una relación no funciona, es porque no amamos lo suficiente. Sin embargo, el amor verdadero no significa sacrificarse constantemente o tolerar comportamientos abusivos.

2 "Eres mi media naranja": La idea de que necesitamos a otra persona para estar completos es una de las creencias más perjudiciales. Nadie debería depender de otra persona para sentirse completo; cada individuo es una persona entera por sí misma.

3 "El amor implica sacrificio": Si bien las relaciones requieren compromiso y esfuerzo, el amor no debe implicar la renuncia a uno mismo o la aceptación de conductas que nos hagan daño.

4 "Los celos son una muestra de amor": En realidad, los celos son una señal de inseguridad y desconfianza. Cuando una persona depende emocionalmente de su pareja, puede volverse extremadamente celosa, ya que teme perder esa fuente de validación.

CÓMO LA DEPENDENCIA EMOCIONAL IMPACTA LA VIDA COTIDIANA

La dependencia emocional no solo afecta la calidad de las relaciones personales, sino que también puede influir negativamente en otros aspectos de la vida:

- **En el trabajo**: Las personas que dependen emocionalmente de la aprobación de los demás pueden tener dificultades para tomar decisiones, defender sus ideas o asumir roles de liderazgo.

- **En la salud mental**: La dependencia emocional puede llevar a experimentar altos niveles de ansiedad y depresión. La constante preocupación por la aprobación ajena genera un estrés crónico que impacta el bienestar emocional.

- **En la salud física**: El estrés y la ansiedad derivados de la dependencia emocional pueden manifestarse en problemas físicos, como dolores de cabeza, problemas digestivos e insomnio.

EJEMPLO PRÁCTICO: EL CASO DE MARIO

Mario, un hombre de 35 años, llevaba dos años en una relación con Laura. Desde el principio, Mario se mostraba muy atento y disponible para ella, a menudo dejando de lado sus propios intereses y amigos para estar a su disposición. Con el tiempo, Mario comenzó a sentir que la relación no era equilibrada, ya que Laura se volvía cada vez más distante. Sin embargo, en lugar de enfrentarlo, Mario hizo todo lo posible por complacerla, incluso aceptando comportamientos que le hacían sentir mal.

Al final, Laura terminó la relación, y Mario quedó devastado, sintiendo que había fracasado como persona. La realidad era que Mario había perdido de vista su propio valor, basando toda su identidad en la relación con Laura.

EJERCICIOS PRÁCTICOS PARA IDENTIFICAR LA DEPENDENCIA EMOCIONAL

A continuación, te ofrezco algunas preguntas que puedes utilizar para reflexionar sobre tus propias relaciones y determinar si estás experimentando dependencia emocional:

1 ¿Te sientes ansioso o inseguro cuando no estás en contacto constante con tu pareja?

2 ¿Tiendes a anteponer las necesidades de los demás a las tuyas, incluso cuando esto te hace sentir mal?

3 ¿Sientes que tu felicidad depende de la aprobación de los demás?

4 ¿Te cuesta establecer límites en tus relaciones por miedo a que los demás te rechacen?

5 ¿Has renunciado a tus hobbies o intereses para complacer a otra persona?

Si respondes "sí" a varias de estas preguntas, es posible que estés experimentando dependencia emocional. Reconocer este patrón es el primer paso para comenzar a trabajar en tu independencia emocional y mejorar tu bienestar.

Al comprender la dependencia emocional, podemos empezar a reconocer los patrones que nos mantienen atrapados en relaciones tóxicas y aprender a construir relaciones más saludables. En los próximos capítulos, profundizaremos en las raíces de este problema y exploraremos estrategias para liberarnos de él, fortaleciendo nuestra autoestima y recuperando el control de nuestra vida.

CAPÍTULO DOS

LAS RAÍCES DE LA DEPENDENCIA EMOCIONAL

Clara, una mujer de 42 años, se encontraba atrapada en una relación en la que no se sentía amada ni respetada. Sin embargo, a pesar de los constantes conflictos y la falta de afecto, no podía reunir el valor para terminar la relación. Sentía un miedo paralizante a la idea de estar sola. En las sesiones de terapia, Clara comenzó a explorar su pasado y descubrió que sus dificultades para dejar a su pareja no se originaban en su relación actual, sino en experiencias tempranas de su infancia que habían moldeado su forma de relacionarse con los demás. Como muchas personas que sufren de **dependencia emocional**, Clara no era consciente de cómo sus vivencias pasadas influían en sus decisiones presentes.

LA INFANCIA Y SU INFLUENCIA EN LA DEPENDENCIA EMOCIONAL

Las raíces de la dependencia emocional suelen estar profundamente arraigadas en la infancia. Durante nuestros primeros años de vida, establecemos los cimientos de nuestra personalidad, nuestra autoestima y la manera en que nos relacionamos con los demás. En esta etapa, las interacciones con nuestros cuidadores principales —generalmente padres o figuras de autoridad— determinan en gran medida cómo nos sentimos respecto a nosotros mismos y al mundo que nos rodea.

1 Apego y vínculos afectivos: Según la teoría del apego desarrollada por John Bowlby, los seres humanos establecen un tipo de vínculo emocional con sus cuidadores durante la infancia que influye en sus relaciones futuras. Los niños que experimentan un **apego seguro** tienden a desarrollar una sana autoestima y relaciones estables en la adultez. Sin embargo, aquellos que crecieron con un **apego ansioso** o **evitativo** pueden volverse emocionalmente dependientes o, por el contrario, temerosos de la intimidad.

◦ Un niño que no recibe atención consistente puede desarrollar un apego ansioso, lo que se traduce en una necesidad constante de validación en la adultez.

◦ Si un cuidador es impredecible en sus muestras de afecto, el niño puede volverse extremadamente sensible al rechazo y necesitar la constante aprobación de los demás para sentirse seguro.

2 Padres autoritarios o ausentes: Crecer con padres autoritarios, fríos o emocionalmente ausentes puede hacer que un niño se sienta inadecuado y no digno de amor. Como resultado, en la adultez, estas personas suelen buscar desesperadamente la validación externa, ya que nunca aprendieron a amarse y aceptarse a sí mismas.

3 Crianza sobreprotectora: Curiosamente, una crianza **demasiado protectora** también puede contribuir a la dependencia emocional. Los niños que crecen sin la oportunidad de enfrentarse a desafíos por sí mismos pueden desarrollar una baja tolerancia a la frustración y una necesidad constante de apoyo emocional de los demás.

EL IMPACTO DE LOS TRAUMAS INFANTILES

Los **traumas emocionales** durante la infancia —como el abandono, el rechazo, el abuso verbal o físico— pueden tener un impacto duradero en la psique de una persona. Estos traumas pueden hacer que, en la adultez, la persona busque relaciones que repliquen patrones familiares, incluso si son destructivos, ya que lo que es familiar se percibe como seguro.

• **Abandono emocional**: Un niño que experimenta abandono emocional puede convertirse en un adulto que busca constantemente la atención y el afecto de los demás para llenar ese vacío. Este comportamiento suele llevar a la dependencia emocional, ya que la persona teme volver a experimentar la sensación de abandono.

• **Rechazo y crítica constante**: Cuando un niño crece siendo criticado o rechazado, puede internalizar la creencia de que no es suficiente. Esto puede manifestarse en la adultez como una búsqueda desesperada de aprobación, ya que la persona no se siente valiosa por sí misma.

EL ROL DE LA SOCIEDAD Y LA CULTURA EN LA DEPENDENCIA EMOCIONAL

No solo la infancia y las experiencias tempranas influyen en la dependencia emocional, sino que también **nuestra sociedad y cultura** desempeñan un papel fundamental en la forma en que concebimos las relaciones.

1 Mitos culturales sobre el amor: Desde temprana edad, los medios de comunicación y la cultura popular nos bombardean con la idea de que el amor romántico lo es todo, que encontrar "a la persona adecuada" es la clave para la felicidad. Estas creencias refuerzan la idea de que necesitamos a otra persona para ser completos, lo que fomenta la dependencia emocional.

2 Roles de género tradicionales: En muchas culturas, se enseña a las mujeres a ser complacientes y a priorizar las necesidades de los demás por encima de las suyas. Esta programación social puede llevar a muchas mujeres a desarrollar relaciones dependientes en las que sacrifican su bienestar para complacer a su pareja. Por otro lado, a los hombres se les enseña a ser autosuficientes y a no mostrar vulnerabilidad, lo que puede llevarlos a reprimir sus emociones y depender de su pareja para satisfacer todas sus necesidades emocionales.

3 Presión social y miedo al rechazo: Vivimos en una sociedad que premia la popularidad y la aceptación social. Esta presión puede llevar a las personas a buscar la aprobación de los demás a toda costa, cayendo en patrones de dependencia emocional para evitar sentirse rechazadas o aisladas.

LA RELACIÓN ENTRE AUTOESTIMA Y DEPENDENCIA EMOCIONAL

Uno de los pilares fundamentales de la dependencia emocional es la **baja autoestima**. Las personas con una autoestima débil tienden a depender de los demás para sentirse valiosas y queridas. En lugar de confiar en sí mismas y en su propio juicio, buscan la validación externa para llenar el vacío que sienten internamente.

1 La falta de autoconfianza: Cuando una persona no confía en sus propias capacidades, busca constantemente la opinión de los demás antes de tomar decisiones. Este comportamiento refuerza la creencia de que no es capaz de manejar su vida por sí misma.

2 El autosabotaje: Las personas con baja autoestima a menudo se autosabotean al creer que no merecen una relación sana o una vida plena. Pueden sabotear sus relaciones saludables por miedo a no ser suficientes, mientras que se aferran a relaciones tóxicas porque creen que es lo mejor que pueden obtener.

3 El perfeccionismo: Las personas que sufren de dependencia emocional a menudo tienen un alto grado de perfeccionismo. Creen que, si logran ser perfectas o hacer todo bien, finalmente serán aceptadas y amadas.

EJEMPLO PRÁCTICO: EL CASO DE SOFÍA

Sofía, de 28 años, había tenido una infancia marcada por un padre crítico y una madre emocionalmente distante. Durante su adolescencia, nunca se sintió lo suficientemente buena y, en sus relaciones amorosas, constantemente buscaba la validación de sus parejas. A pesar de ser una mujer exitosa en su carrera, Sofía no podía soportar la idea de estar sola. Esto la llevó a involucrarse en relaciones con hombres emocionalmente inaccesibles, esperando que su amor pudiera cambiar su comportamiento.

Al entrar en terapia, Sofía comenzó a explorar sus creencias profundas y a darse cuenta de que, en el fondo, se sentía inadecuada e indigna de amor. A medida que trabajaba en su autoestima, Sofía descubrió que sus patrones de dependencia emocional no eran más que un reflejo de la relación que tenía con ella misma.

PRÁCTICAS PARA IDENTIFICAR Y ENTENDER LAS RAÍCES DE LA DEPENDENCIA EMOCIONAL

Para comenzar a sanar la dependencia emocional, es esencial comprender sus raíces. Aquí hay algunas prácticas que pueden ayudarte a reflexionar sobre tu pasado y tus patrones actuales:

1 Escribe una carta a tu niño interior: Reflexiona sobre cómo te sentías cuando eras niño y qué creencias internalizaste sobre el amor y el valor propio. Pregúntate: ¿Qué necesitabas en ese momento que no recibiste?

2 Haz un árbol genealógico emocional: Traza las relaciones significativas en tu vida y observa los patrones que has repetido. ¿Tus relaciones actuales reflejan dinámicas que viviste en tu familia?

3 Practica la autoobservación: Durante una semana, observa cómo te comportas en tus relaciones. ¿Tiendes a buscar la aprobación de los demás? ¿Te sientes ansioso cuando no recibes la atención que esperas?

4 Reflexiona sobre tus creencias culturales: Pregúntate cómo las creencias sociales y culturales sobre el amor y las relaciones han influido en tu manera de ver el mundo. ¿Qué mitos necesitas desaprender para construir relaciones más saludables?

EJERCICIO PRÁCTICO

Una actividad que puedes realizar es llevar un **diario de patrones emocionales**. Dedica unos minutos al final del día para escribir sobre tus interacciones con los demás. Pregúntate:

• ¿Me he sentido ansioso hoy porque alguien no me respondió de la manera que esperaba?

• ¿He hecho algo que no quería hacer por miedo a ser rechazado?

• ¿Qué me hizo sentir inseguro hoy y por qué?

Al tomar conciencia de estos patrones, puedes comenzar a cuestionarlos y a trabajar en liberarte de ellos.

CAPÍTULO TRES

RECONOCIENDO LOS CICLOS TÓXICOS

Marcos, un hombre de 36 años, acababa de terminar su cuarta relación consecutiva en menos de tres años. Cada una de estas relaciones había comenzado con entusiasmo y esperanza, pero invariablemente terminaban en decepción, discusiones y rupturas dolorosas. Aunque cada relación era con una persona diferente, los patrones que se repetían eran casi idénticos: al principio, todo parecía perfecto, pero con el tiempo, surgían las mismas peleas, la misma sensación de abandono y la misma necesidad constante de ser validado. Como muchas personas que sufren de **dependencia emocional**, Marcos no se daba cuenta de que estaba atrapado en un ciclo tóxico que se repetía una y otra vez. ¿Por qué continuaba atrayendo el mismo tipo de relaciones dañinas? ¿Y cómo podía romper este ciclo?

¿QUÉ SON LOS CICLOS TÓXICOS EN LAS RELACIONES?

Un ciclo tóxico es un **patrón repetitivo de comportamientos destructivos** que ocurre en una relación. Este ciclo puede involucrar una serie de actitudes y dinámicas que, aunque al principio pueden parecer inofensivas o incluso normales, con el tiempo deterioran la salud emocional de ambas partes. Estos ciclos suelen basarse en la manipulación, la dependencia emocional, la falta de límites, los celos y la constante necesidad de control.

Algunas características comunes de los ciclos tóxicos son:

1 Idealización y desilusión: Al inicio, uno de los miembros de la pareja tiende a idealizar al otro, ignorando cualquier señal de alerta. Con el tiempo, esta idealización da paso a la desilusión cuando la persona idealizada no cumple con las expectativas poco realistas que se le habían asignado.

2 Relaciones de poder desequilibradas: Una persona puede tratar de controlar a la otra a través de la manipulación emocional, el chantaje, o haciendo que el otro se sienta culpable. Esto crea un desequilibrio que deja a una de las partes en una posición de poder y a la otra en una situación de dependencia.

3 Comportamientos de "ida y vuelta": En muchos ciclos tóxicos, las parejas tienden a romper y reconciliarse repetidamente. Estas rupturas temporales generan ansiedad y miedo al abandono, lo que refuerza aún más la dependencia emocional.

4 Falta de comunicación saludable: En lugar de resolver los problemas a través del diálogo y la comprensión, las discusiones se convierten en batallas de poder, acusaciones o silencios prolongados.

CÓMO SE ORIGINAN LOS CICLOS TÓXICOS

Estos ciclos a menudo tienen sus raíces en patrones emocionales que hemos aprendido desde nuestra infancia y en creencias disfuncionales que hemos internalizado a lo largo de los años. Algunas de las principales causas incluyen:

1 Heridas emocionales no resueltas: Las personas que han experimentado traumas o carencias emocionales en su infancia tienden a recrear esas mismas dinámicas en sus relaciones adultas. Por ejemplo, alguien que creció con un padre distante puede buscar inconscientemente relaciones con personas que no están disponibles emocionalmente, con la esperanza de sanar esa herida original.

2 Creencias limitantes sobre el amor: Muchas personas creen que el amor debe ser complicado o que el sufrimiento es parte del proceso para tener una relación duradera. Estas creencias perpetúan el ciclo de atracción hacia relaciones problemáticas.

3 Baja autoestima: Cuando una persona no se siente merecedora de un amor sano, puede aceptar y tolerar comportamientos tóxicos, ya que cree que eso es lo mejor que puede obtener.

4 Miedo al cambio: Las personas a menudo se aferran a lo que es familiar, incluso si es doloroso. El miedo a lo desconocido puede llevar a permanecer en una relación tóxica en lugar de enfrentar la incertidumbre de estar solo o comenzar una nueva vida.

SEÑALES DE QUE ESTÁS ATRAPADO EN UN CICLO TÓXICO

Es posible que te encuentres atrapado en un ciclo tóxico sin siquiera darte cuenta. Aquí hay algunas señales que pueden indicar que estás en esta situación:

1 Sientes que estás caminando sobre cáscaras de huevo: Siempre estás cuidando tus palabras y acciones para no enfadar o molestar a tu pareja.

2 Te disculpas constantemente: Incluso cuando no has hecho nada malo, sientes la necesidad de pedir perdón para evitar conflictos.

3 Pérdida de tu identidad: Te das cuenta de que has dejado de lado tus propios intereses, pasatiempos y amistades para complacer a tu pareja.

4 Tienes miedo de hablar sobre tus sentimientos: Evitas hablar de tus necesidades o problemas por miedo a que tu pareja se enfade o te rechace.

5 Rompes y te reconcilias repetidamente: Aunque cada vez prometes que no volverás, te encuentras regresando una y otra vez a la misma relación que te hace daño.

PATRONES COMUNES DE COMPORTAMIENTO EN LOS CICLOS TÓXICOS

1 La montaña rusa emocional: Las relaciones tóxicas suelen ser intensas y dramáticas. Después de una gran pelea, la reconciliación puede ser apasionada, lo que crea un ciclo de altos y bajos emocionales que es adictivo para ambas partes.

2 El rol del salvador y la víctima: A menudo, uno de los miembros de la pareja adopta el rol de "salvador", creyendo que puede cambiar o "arreglar" a la otra persona. La otra parte asume el papel de "víctima", utilizando su dolor o traumas como excusa para justificar su comportamiento destructivo.

3 La manipulación emocional: El chantaje emocional, los juegos de culpa y las amenazas de abandono son herramientas comunes en los ciclos tóxicos. La persona que ejerce control usa estos métodos para mantener a su pareja atrapada.

CÓMO ROMPER LOS CICLOS TÓXICOS

Salir de un ciclo tóxico no es fácil, especialmente si has estado atrapado en él durante mucho tiempo. Sin embargo, con conciencia y esfuerzo, es posible liberarse y comenzar a construir relaciones más saludables. Aquí hay algunas estrategias que puedes utilizar:

1 Autoobservación y reflexión: El primer paso para romper un ciclo tóxico es tomar conciencia de que estás en él. Esto implica reflexionar sobre tus patrones de comportamiento y las dinámicas que has creado en tus relaciones pasadas y actuales.

- **Ejercicio práctico**: Lleva un diario en el que registres tus interacciones con tu pareja. Anota cómo te sientes antes, durante y después de cada interacción. Esto te ayudará a identificar patrones recurrentes y a tomar decisiones más conscientes.

2 Establecer límites claros: Una de las razones por las que los ciclos tóxicos continúan es la falta de límites saludables. Aprender a decir "no" y a poner límites claros es esencial para proteger tu bienestar emocional.

o **Ejercicio práctico**: Haz una lista de los límites que necesitas establecer en tu relación actual o en futuras relaciones. Practica comunicarlos de manera asertiva.

3 Busca apoyo profesional: La terapia puede ser una herramienta poderosa para identificar y romper patrones tóxicos. Un terapeuta puede ayudarte a trabajar en las raíces emocionales de tu dependencia y a desarrollar habilidades para mantener relaciones más saludables.

4 Fortalece tu autoestima: La mayoría de las personas que están atrapadas en ciclos tóxicos tienen una autoestima baja. Trabajar en tu autoestima te ayudará a confiar en tu propio juicio y a no depender de la aprobación externa.

o **Ejercicio práctico**: Cada día, anota tres cosas que te gusten de ti mismo. Puede ser algo que hiciste bien, una cualidad que aprecias en ti o un pequeño logro. Esto te ayudará a reforzar tu autoestima con el tiempo.

5 Practica la autoaceptación: Aceptar tus defectos y debilidades, así como tus fortalezas, es clave para romper el ciclo de la dependencia emocional. Cuando te aceptas a ti mismo, no necesitas que los demás te validen constantemente.

EJEMPLO PRÁCTICO: EL CASO DE LAURA

Laura, de 29 años, había estado en una relación durante tres años con Carlos, quien era extremadamente celoso y controlador. Aunque al principio ella interpretó su comportamiento como una señal de amor, con el tiempo se dio cuenta de que estaba perdiendo su libertad y su felicidad.

Cada vez que intentaba romper la relación, Carlos le suplicaba que no lo dejara y prometía cambiar. Laura, temerosa de estar sola, siempre cedía.

Finalmente, tras muchas idas y vueltas, Laura decidió buscar ayuda profesional. En terapia, descubrió que su miedo a estar sola provenía de su infancia, cuando su padre abandonó a la familia. Laura comenzó a trabajar en su autoestima y en establecer límites claros. Con el tiempo, logró poner fin a su relación con Carlos y, por primera vez en años, comenzó a sentirse libre y dueña de su vida.

EJERCICIOS PRÁCTICOS

A continuación, te propongo algunos ejercicios que pueden ayudarte a reconocer y romper los ciclos tóxicos en los que podrías estar atrapado:

1 Mapa de patrones relacionales: Dibuja un diagrama que represente tus relaciones pasadas y actuales. Identifica los patrones comunes en ellas y reflexiona sobre lo que necesitas cambiar.

2 Carta de liberación: Escribe una carta (que no necesitas enviar) a una persona con la que hayas tenido una relación tóxica. Expresa tus sentimientos y todo lo que no pudiste decir en su momento. Esto puede ayudarte a liberar emociones reprimidas.

3 Visualización de una relación sana: Dedica unos minutos al día a visualizar cómo sería una relación basada en el respeto, el amor y la reciprocidad. Esto te ayudará a reprogramar tu mente y a atraer relaciones más saludables en el futuro.

CAPÍTULO CUATRO

EL MIEDO AL ABANDONO Y LA SOLEDAD

Sofía, una mujer de 34 años, vivía constantemente angustiada por la idea de que su pareja, Carlos, la dejara. Aunque no había indicios reales de que esto fuera a ocurrir, su mente se llenaba de pensamientos catastróficos cada vez que Carlos no respondía un mensaje rápidamente o cuando cancelaba un plan de último momento. Para Sofía, el miedo al abandono era como una sombra que la acompañaba a todas partes, afectando no solo su relación, sino también su bienestar emocional. Esta situación no es rara; muchas personas que sufren de **dependencia emocional** sienten un miedo profundo y paralizante a ser abandonadas, lo que les impide disfrutar de relaciones sanas y equilibradas.

¿QUÉ ES EL MIEDO AL ABANDONO?

El miedo al abandono es una **angustia intensa y persistente** ante la posibilidad de ser dejado o rechazado por una persona importante. Esta ansiedad puede manifestarse en cualquier tipo de relación, ya sea romántica, amistosa o familiar. Las personas que experimentan este miedo viven en un estado constante de alerta, buscando señales que confirmen sus peores temores. Como resultado, pueden desarrollar comportamientos controladores, demandantes o incluso sabotear sus relaciones, empujando sin darse cuenta a la otra persona a alejarse.

Algunas características comunes del miedo al abandono incluyen:

1 Ansiedad constante: Una preocupación excesiva por la posibilidad de que la pareja se distancie o termine la relación.

2 Búsqueda de confirmación constante: Necesidad de recibir afirmaciones continuas de que la relación está bien, lo que puede llevar a un comportamiento demandante o asfixiante.

3 Autovigilancia y análisis excesivo: Interpretar cada acción o palabra de la pareja como una posible señal de que algo está mal.

4 Evitar la confrontación por miedo al rechazo: Las personas con miedo al abandono tienden a evitar expresar sus necesidades o sentimientos por temor a que esto cause un conflicto que termine en el abandono.

LAS RAÍCES DEL MIEDO AL ABANDONO

El miedo al abandono rara vez surge de la nada; generalmente tiene sus raíces en **experiencias pasadas** y en la forma en que hemos aprendido a relacionarnos con los demás.

1 Experiencias tempranas de abandono: La infancia es una etapa crucial en la formación de nuestra autoestima y en nuestra capacidad para confiar en los demás. Si un niño experimenta la pérdida de un cuidador, ya sea por divorcio, muerte o negligencia, es posible que desarrolle un miedo profundo a ser abandonado nuevamente en la adultez.

2 Relaciones con padres ausentes o emocionalmente distantes: Crecer con padres que no estuvieron disponibles emocionalmente puede hacer que una persona se sienta indigna de amor y atención. Como resultado, en la adultez, estas personas tienden a desarrollar un apego ansioso, temiendo constantemente que sus seres queridos los abandonen.

3 Relaciones amorosas fallidas: Una experiencia dolorosa de traición o abandono en una relación romántica anterior puede dejar cicatrices emocionales profundas, haciendo que una persona sea hipersensible a cualquier señal de que la historia podría repetirse.

4 Factores sociales y culturales: En nuestra sociedad, la idea de que estar solo es un signo de fracaso puede agravar el miedo al abandono. Las expectativas sociales de que el éxito personal y la felicidad dependen de tener una pareja pueden hacer que las personas que están solas o en relaciones inestables se sientan inseguras.

EL VÍNCULO ENTRE EL MIEDO AL ABANDONO Y LA DEPENDENCIA EMOCIONAL

El miedo al abandono y la dependencia emocional están estrechamente relacionados. Cuando una persona teme ser dejada, puede desarrollar comportamientos que, en lugar de fortalecer la relación, la desgastan. Aquí hay algunos ejemplos:

1 Complacencia excesiva: Las personas con miedo al abandono a menudo intentan hacer todo lo posible para agradar a su pareja, incluso si eso significa sacrificar sus propias necesidades y deseos. Esto puede llevar a una relación desequilibrada en la que una persona da constantemente mientras la otra recibe.

2 Celos y control: El temor a perder a la pareja puede llevar a conductas celosas y controladoras, como revisar el teléfono de la pareja, exigir explicaciones constantes o intentar limitar sus actividades sociales.

3 Dependencia extrema: Las personas con este miedo tienden a volverse extremadamente dependientes de su pareja para obtener validación y seguridad. Esto puede asfixiar la relación y llevar a la otra persona a alejarse.

CÓMO EL MIEDO A LA SOLEDAD FOMENTA LA DEPENDENCIA EMOCIONAL

El miedo al abandono está estrechamente relacionado con el **miedo a la soledad**. Muchas personas temen estar solas porque asocian la soledad con el fracaso, la falta de valor o la incapacidad de ser amadas. Esta creencia puede llevarlas a quedarse en relaciones tóxicas o insatisfactorias simplemente para evitar la sensación de vacío.

1 La soledad como enemiga: A nivel cultural, se nos ha enseñado a ver la soledad como algo negativo. Sin embargo, estar solo no es lo mismo que sentirse solo. La soledad puede ser un espacio para el autoconocimiento y la reflexión, pero para quienes sufren de dependencia emocional, es una fuente constante de ansiedad.

2 Confundir la soledad con la falta de valor personal: Las personas que no se sienten valiosas por sí mismas tienden a buscar la validación en los demás. Estar en una relación les da una sensación de identidad y propósito, lo que las hace temer la posibilidad de estar solas.

3 Quedarse en relaciones dañinas para evitar la soledad: El miedo a la soledad puede llevar a las personas a aferrarse a relaciones que no les hacen felices. Prefieren estar en una relación insatisfactoria antes que enfrentar el miedo de estar solas.

CÓMO SUPERAR EL MIEDO AL ABANDONO Y LA SOLEDAD

Afrontar el miedo al abandono y a la soledad no es fácil, pero con trabajo consciente, es posible aprender a manejar estos temores y desarrollar una mayor independencia emocional.

1 Autoconocimiento y aceptación: El primer paso para superar el miedo al abandono es reconocer que este miedo existe y aceptar que es una parte de ti. No puedes cambiar lo que no reconoces.

○ **Ejercicio práctico**: Lleva un diario en el que registres tus miedos y ansiedades en torno a la soledad. Anota los pensamientos que pasan por tu mente cuando te sientes solo y cuestiona su veracidad. Pregúntate: ¿Es realmente cierto que estar solo significa que no soy digno de amor?

2 Redefinir la soledad: Cambia la perspectiva que tienes sobre la soledad. En lugar de verla como un fracaso, mírala como una oportunidad para reconectar contigo mismo y trabajar en tu crecimiento personal.

○ **Ejercicio práctico**: Dedica un día a la semana para estar solo de forma intencionada. Haz actividades que disfrutes y que te ayuden a reconectar contigo mismo, como leer, pasear o practicar un hobby. Esto te ayudará a desarrollar una relación más positiva con la soledad.

3 Fortalecer tu autoestima: La autoestima es la base de una independencia emocional saludable. Si te sientes valioso por ti mismo, no dependerás de los demás para obtener esa validación.

○ **Ejercicio práctico**: Cada día, anota tres cosas que te gusten de ti mismo. Esto puede incluir cualidades, logros o pequeños actos de bondad que hayas realizado. Con el tiempo, esto te ayudará a desarrollar una autoestima más sólida.

4 Practicar la meditación y la atención plena: La meditación puede ayudarte a calmar la ansiedad que surge del miedo al abandono y a centrarte en el presente en lugar de preocuparte por lo que podría suceder en el futuro.

○ **Ejercicio práctico**: Dedica al menos 10 minutos al día a una práctica de meditación enfocada en la respiración. Cada vez que tu mente se desvíe hacia pensamientos de miedo o ansiedad, redirige tu atención a tu respiración.

5 Buscar apoyo profesional: Si el miedo al abandono y la soledad te están afectando gravemente, considera buscar la ayuda de un terapeuta. La terapia puede ayudarte a explorar las raíces de tus miedos y a desarrollar herramientas para enfrentarlos.

EJEMPLO PRÁCTICO: EL CASO DE JAVIER

Javier, de 38 años, había pasado de una relación a otra durante toda su vida adulta. Nunca permitía que sus relaciones se enfriaran antes de buscar una nueva pareja. Después de una ruptura particularmente dolorosa, decidió buscar ayuda profesional. En terapia, descubrió que su miedo a la soledad provenía del abandono que había sufrido en la infancia por parte de su madre. A medida que trabajaba en su autoestima y aprendía a disfrutar de su propia compañía, Javier se dio cuenta de que ya no necesitaba una relación para sentirse completo.

EJERCICIOS PRÁCTICOS

A continuación, te propongo algunos ejercicios que pueden ayudarte a afrontar tu miedo al abandono y la soledad:

1 Escribe una carta a tu "yo" futuro: Imagina que en 5 años has superado tu miedo al abandono. Escríbete una carta describiendo cómo te sientes, qué has logrado y cómo es tu vida ahora.

2 Visualización guiada: Dedica unos minutos al día a visualizarte viviendo una vida plena y feliz, aunque estés solo. Enfócate en las actividades que disfrutas y en las relaciones saludables que has construido contigo mismo y con los demás.

3 Lleva un diario de gratitud: Cada noche, anota tres cosas por las que estás agradecido. Esto te ayudará a centrarte en lo positivo y a reducir la ansiedad por lo que podría faltar en tu vida.

CAPÍTULO CINCO

ROMPIENDO LOS MITOS DEL AMOR ROMÁNTICO

Lucía siempre había creído en el "amor a primera vista". De pequeña, pasaba horas viendo películas románticas en las que el amor era presentado como una fuerza mágica y omnipotente, capaz de superar cualquier obstáculo. Sin embargo, tras varias relaciones fallidas, comenzó a cuestionar si ese ideal romántico que había cultivado durante años era realista o simplemente una ilusión. ¿Por qué, a pesar de sus esfuerzos por encontrar el "amor verdadero", seguía atrapada en relaciones que la dejaban sintiéndose vacía e insatisfecha?

Al igual que Lucía, muchas personas se encuentran atrapadas en la trampa de los **mitos del amor romántico**, lo que las lleva a tener expectativas poco realistas sobre las relaciones. Estos mitos perpetúan la **dependencia emocional** y pueden ser una barrera para construir relaciones auténticas y saludables.

¿QUÉ SON LOS MITOS DEL AMOR ROMÁNTICO?

Los mitos del amor romántico son creencias profundamente arraigadas que moldean nuestra forma de entender y vivir el amor. Estas ideas, a menudo alimentadas por la cultura popular, las películas, la música y las novelas, nos enseñan que el amor es la solución a todos nuestros problemas y que, una vez que encontramos a nuestra "media naranja", nuestra vida estará completa.

Sin embargo, estos mitos pueden llevarnos a establecer relaciones basadas en expectativas poco realistas y a desarrollar comportamientos que fomentan la dependencia emocional. Aquí exploraremos algunos de los mitos más comunes y cómo afectan nuestra vida amorosa.

MITO 1: "EL AMOR LO PUEDE TODO"

La creencia de que el amor es una fuerza mágica capaz de resolver todos los problemas es una de las ideas más perjudiciales que existen. Si bien el amor puede ser un motor poderoso en las relaciones, no es suficiente para sostener una relación sana por sí solo.

1 La realidad: Una relación saludable requiere mucho más que amor: necesita comunicación, compromiso, respeto, y la capacidad de resolver conflictos de manera constructiva. Creer que el amor puede superar cualquier dificultad lleva a muchas personas a permanecer en relaciones tóxicas, creyendo que, si aman lo suficiente, las cosas mejorarán.

- **Ejemplo**: Marta y Javier han estado juntos por cinco años, pero su relación está llena de conflictos. A pesar de las peleas constantes, Marta se aferra a la creencia de que, si siguen juntos y se esfuerzan lo suficiente, su amor será suficiente para superar sus diferencias. Sin embargo, lo que realmente necesitan es aprender a comunicarse y establecer límites saludables.

2 El impacto en la dependencia emocional: Las personas que creen en este mito tienden a tolerar comportamientos abusivos o insatisfactorios en sus relaciones porque piensan que el amor es suficiente para superar cualquier obstáculo. Esto puede llevar a la dependencia emocional, ya que la persona se aferra a la relación, esperando que, con el tiempo, las cosas mejoren.

MITO 2: "ENCONTRARÉ A MI MEDIA NARANJA"

Este mito sostiene que cada persona tiene una "media naranja", un alma gemela que está destinada a completar su vida. La creencia de que somos incompletos hasta que encontramos a esa persona especial puede llevar a muchas personas a buscar desesperadamente una relación, sin importar si es saludable o no.

1 La realidad: Nadie necesita otra persona para ser completo. Todos somos individuos completos y nuestra felicidad no depende de encontrar a una "media naranja". Las relaciones saludables se basan en dos personas que eligen estar juntas porque disfrutan de la compañía del otro, no porque necesiten que alguien llene un vacío interno.

○ **Ejemplo**: Después de varias relaciones fallidas, Pedro se dio cuenta de que había estado buscando a alguien que llenara su soledad y le diera un propósito. Al entender que su bienestar no dependía de otra persona, comenzó a enfocarse en su propio crecimiento personal y, eventualmente, conoció a alguien con quien compartía una conexión auténtica.

2 El impacto en la dependencia emocional: Creer que necesitas a alguien para sentirte completo puede llevar a desarrollar relaciones codependientes, donde tu sentido de identidad y valor depende de estar con otra persona.

MITO 3: "LOS CELOS SON UNA PRUEBA DE AMOR"

Muchos creen que sentir celos es una señal de que realmente te importa tu pareja. Sin embargo, esta idea distorsionada puede ser extremadamente dañina, ya que justifica comportamientos controladores y posesivos.

1 La realidad: Los celos no son una muestra de amor, sino una señal de inseguridad y falta de confianza, tanto en uno mismo como en la relación.

Una relación sana se basa en la confianza y en el respeto a la autonomía del otro.

◦ **Ejemplo**: Laura revisaba constantemente el teléfono de su novio, convencida de que, si él la amaba, no le importaría compartir sus contraseñas y mensajes. Sin embargo, esta actitud controladora acabó desgastando la relación y generando resentimiento.

2 El impacto en la dependencia emocional: El miedo al abandono y la necesidad de control pueden llevar a la dependencia emocional. Las personas que creen que los celos son una prueba de amor a menudo justifican comportamientos que, en realidad, son señales de una relación tóxica.

MITO 4: "EL AMOR VERDADERO DEBERÍA SER FÁCIL"

Otro mito común es que, si una relación es "verdadera", no debería haber conflictos o dificultades. Esta creencia puede llevar a las personas a abandonar una relación a la primera señal de problemas o, por el contrario, a sentir que hay algo mal en ellas si la relación no es perfecta.

1 La realidad: Todas las relaciones tienen desafíos. Discutir y tener desacuerdos es normal y, de hecho, puede ser una oportunidad para fortalecer la relación si se maneja de manera constructiva. Lo importante no es la ausencia de problemas, sino cómo se gestionan.

◦ **Ejemplo**: Tomás y Andrea pensaban que su relación debía ser perfecta. Cuando comenzaron a tener conflictos, ambos se sintieron frustrados y pensaron que quizás no estaban destinados a estar juntos. Al aprender a comunicarse y resolver conflictos de forma sana, descubrieron que sus diferencias podían ser una oportunidad para crecer.

2 El impacto en la dependencia emocional: Las personas que creen en este mito pueden evitar afrontar problemas en su relación por miedo a que sea una señal de que no son "el uno para el otro". Esto puede llevar a la acumulación de resentimientos y, eventualmente, a la ruptura de la relación.

CÓMO SUPERAR LOS MITOS DEL AMOR ROMÁNTICO

Desaprender los mitos del amor romántico puede ser un proceso difícil, ya que estos están profundamente arraigados en nuestra cultura y en nuestras creencias personales. Sin embargo, con esfuerzo y conciencia, es posible desarrollar una perspectiva más realista y saludable sobre el amor.

1 Autoconocimiento: El primer paso para romper con estos mitos es entender cómo han influido en tu vida y en tus relaciones. Reflexiona sobre las creencias que tienes acerca del amor y pregúntate si realmente son ciertas.

- **Ejercicio práctico**: Lleva un diario en el que anotes tus pensamientos sobre el amor y las relaciones. Cuestiona tus creencias y busca evidencia de si son ciertas o simplemente son ideas que has aprendido de la sociedad.

2 Redefinir el amor: El amor no es un cuento de hadas, ni una serie de emociones desbordantes. Es una decisión consciente de cuidar, respetar y crecer junto a otra persona.

- **Ejercicio práctico**: Haz una lista de las características que crees que debe tener una relación sana. Reflexiona sobre cómo puedes cultivar estas cualidades en tu relación actual o en tus futuras relaciones.

3 Fomentar la independencia emocional: Para poder tener relaciones sanas, es crucial aprender a ser feliz y sentirte completo por ti mismo. Esto no significa que no puedas tener una relación, sino que no dependas de ella para tu felicidad.

- **Ejercicio práctico**: Dedica tiempo a desarrollar tus propios intereses, pasatiempos y amistades. Aprende a disfrutar de tu propia compañía y a nutrir tu bienestar emocional.

4 Aceptar la imperfección: Las relaciones no siempre serán fáciles, y eso está bien. Aprender a lidiar con los conflictos de manera constructiva y aceptar las imperfecciones tanto en ti como en tu pareja es clave para un amor duradero.

○ **Ejercicio práctico**: Cada vez que surja un conflicto en tu relación, en lugar de verlo como una señal de que algo está mal, intenta verlo como una oportunidad para crecer juntos.

EJEMPLO PRÁCTICO: EL CASO DE ALMA Y MIGUEL

Alma y Miguel llevaban cuatro años juntos, pero su relación estaba en crisis debido a las expectativas poco realistas que ambos tenían sobre el amor. Alma creía que, si Miguel realmente la amaba, siempre sabría lo que ella necesitaba sin que tuviera que decirlo. Miguel, por otro lado, pensaba que, si discutían, significaba que su amor no era "verdadero". Tras asistir a terapia de pareja, ambos comenzaron a desmantelar estos mitos y a construir una relación más realista y satisfactoria.

EJERCICIOS PRÁCTICOS

1 Escribe una carta al "amor de tu vida" en la que describas cómo sería una relación ideal para ti, enfocándote en la comunicación, el respeto y el apoyo mutuo, en lugar de ideales románticos.

2 Lista de mitos y realidades: Anota los mitos del amor en los que crees y reemplázalos con afirmaciones más realistas. Por ejemplo, reemplaza "El amor verdadero lo puede todo" con "El amor verdadero requiere esfuerzo y comunicación".

3 Práctica de autocompasión: Aprende a perdonarte por haber creído en estos mitos.

CAPÍTULO SEIS

CONSTRUYENDO AUTOCONOCIMIENTO Y AUTOESTIMA

Andrea había pasado la mayor parte de su vida buscando la validación de los demás. Desde pequeña, había aprendido que para ser querida, debía ser complaciente y no causar problemas. En sus relaciones románticas, esta creencia se tradujo en un patrón de dependencia emocional. Andrea siempre ponía las necesidades de su pareja por encima de las suyas, temiendo que, si no lo hacía, la dejarían. Después de sufrir varias rupturas dolorosas, finalmente decidió que era momento de cambiar. Con la ayuda de la terapia, Andrea descubrió que la raíz de su problema no era la falta de una pareja que la valorara, sino la falta de **autoconocimiento y autoestima**.

Al igual que Andrea, muchas personas que sufren de dependencia emocional luchan con una autoestima baja y un pobre sentido de sí mismas. En este capítulo, exploraremos cómo el autoconocimiento y la autoestima son esenciales para desarrollar una **independencia emocional** y construir relaciones saludables.

¿QUÉ ES EL AUTOCONOCIMIENTO Y POR QUÉ ES IMPORTANTE?

El **autoconocimiento** es la capacidad de entender quién eres, cuáles son tus fortalezas y debilidades, tus valores, tus deseos y tus necesidades. Implica tener una visión clara de ti mismo sin la influencia de las opiniones de los demás. Desarrollar un sentido profundo de autoconocimiento te permite tomar decisiones que estén alineadas con tus auténticos deseos, en lugar de actuar en función de lo que otros esperan de ti.

1 Autoconocimiento y dependencia emocional: Las personas que no tienen un buen sentido de sí mismas tienden a buscar en los demás la validación y la dirección que no encuentran en su interior. Esto puede llevar a la dependencia emocional, ya que sienten que necesitan a otra persona para definir su identidad y su valor.

2 La base de la autoestima: El autoconocimiento es el primer paso para desarrollar una autoestima sólida. Solo cuando sabes quién eres y te aceptas, puedes comenzar a valorarte y a construir una relación sana contigo mismo.

¿QUÉ ES LA AUTOESTIMA Y CÓMO SE RELACIONA CON LA INDEPENDENCIA EMOCIONAL?

La **autoestima** es la valoración que tienes de ti mismo. No se trata solo de quererte, sino de reconocer tu propio valor, independientemente de lo que los demás piensen de ti. Una autoestima sólida te permite ser independiente emocionalmente y establecer relaciones basadas en el respeto y la reciprocidad, en lugar de la necesidad.

1 La autoestima como escudo contra la dependencia: Cuando tienes una autoestima fuerte, no dependes de la validación de los demás para sentirte valioso. Esto te protege de caer en relaciones tóxicas y te permite establecer límites saludables.

2 Amarte a ti mismo antes de amar a los demás: Si no te amas a ti mismo, buscarás desesperadamente ese amor en los demás, lo que puede llevarte a relaciones codependientes. Aprender a amarte a ti mismo es el primer paso para desarrollar relaciones más equilibradas.

CÓMO DESARROLLAR EL AUTOCONOCIMIENTO

El autoconocimiento no ocurre de la noche a la mañana; es un proceso continuo de autoexploración y reflexión. Aquí hay algunas estrategias que pueden ayudarte a conocerte mejor:

1 Reflexión diaria: Dedica unos minutos al final de cada día para reflexionar sobre tus pensamientos, emociones y acciones. Pregúntate: ¿Qué me hizo sentir feliz hoy? ¿Qué me causó ansiedad? ¿Cómo reaccioné ante ciertas situaciones?

2 Lleva un diario: Escribir tus pensamientos y emociones puede ayudarte a identificar patrones en tu comportamiento y a entender tus necesidades y deseos más profundos.

- **Ejercicio práctico**: Dedica al menos 10 minutos al día a escribir en un diario. Enfócate en tus emociones, lo que te preocupa, lo que te hace feliz, y tus metas a corto y largo plazo.

3 Pregúntate "por qué": Cuando te enfrentes a una decisión o una emoción intensa, pregúntate por qué te sientes de esa manera. Esto te ayudará a profundizar en tus motivaciones y a entender lo que realmente necesitas.

- **Ejercicio práctico**: Haz una lista de tus metas personales y profesionales. Luego, pregúntate por qué cada una de ellas es importante para ti. Esto te ayudará a determinar si estás persiguiendo estas metas por ti mismo o por la aprobación de los demás.

4 Explora tus valores: Identificar tus valores fundamentales puede ayudarte a tomar decisiones alineadas con lo que realmente te importa, en lugar de dejarte influir por las expectativas externas.

○ **Ejercicio práctico**: Haz una lista de los 5 valores más importantes para ti (por ejemplo, honestidad, libertad, amor, respeto, crecimiento). Reflexiona sobre cómo estos valores se reflejan en tu vida actual.

CÓMO FORTALECER TU AUTOESTIMA

Una vez que has comenzado a conocerte mejor, es hora de trabajar en tu autoestima. Aquí te presento algunas estrategias para desarrollar una autoestima sólida y sostenible:

1 Cuida tu diálogo interno: A menudo, la voz más crítica que escuchamos es la nuestra. Si te hablas a ti mismo de manera negativa, tu autoestima se verá afectada. Comienza a practicar un diálogo interno más compasivo y alentador.

○ **Ejercicio práctico**: Cada vez que te sorprendas pensando algo negativo sobre ti mismo, reemplázalo con una afirmación positiva. Por ejemplo, en lugar de decir "No soy lo suficientemente bueno", intenta decir "Estoy aprendiendo y creciendo cada día".

2 Aprende a decir "no" sin sentir culpa: Muchas personas con baja autoestima tienen dificultades para decir "no" porque temen que los demás las rechacen. Sin embargo, aprender a establecer límites es crucial para proteger tu bienestar.

○ **Ejercicio práctico**: La próxima vez que alguien te pida algo que realmente no quieres hacer, practica decir "no" de manera asertiva. Recuerda que no necesitas justificar tus decisiones.

3 Celebra tus logros, por pequeños que sean: En lugar de centrarte en lo que no has hecho bien, enfócate en tus logros y en las cosas que has conseguido. Esto te ayudará a reforzar tu autoestima.

○ **Ejercicio práctico**: Lleva un "diario de gratitud" en el que anotes tres cosas que hiciste bien cada día, sin importar lo pequeñas que sean.

4 Rodéate de personas que te apoyen: La calidad de tus relaciones influye directamente en tu autoestima. Rodéate de personas que te valoren por lo que eres y que te animen a ser tu mejor versión.

5 Practica la autocompasión: Ser compasivo contigo mismo implica aceptarte, incluso cuando cometes errores. En lugar de castigarte por tus fallos, aprende a tratarlos como oportunidades de aprendizaje.

- **Ejercicio práctico**: Cuando te sientas mal por un error, imagina que un amigo cercano ha cometido el mismo error. ¿Cómo le hablarías? Practica darte a ti mismo la misma compasión.

AUTOCONOCIMIENTO Y AUTOESTIMA EN LAS RELACIONES

Una vez que has trabajado en tu autoconocimiento y autoestima, comenzarás a notar un cambio en tus relaciones. Aquí hay algunos beneficios que puedes esperar:

1 Mayor independencia emocional: Cuando te conoces a ti mismo y tienes una autoestima fuerte, no necesitas la validación constante de los demás. Esto te permite tener relaciones más equilibradas y saludables.

2 Capacidad para establecer límites: Al saber lo que necesitas y valorarte a ti mismo, te resultará más fácil establecer límites claros en tus relaciones y asegurarte de que sean respetados.

3 Elegir parejas de manera consciente: Cuando tienes una buena relación contigo mismo, no buscarás desesperadamente una relación para llenar un vacío. Esto te permitirá elegir parejas que realmente sean compatibles contigo en lugar de conformarte con lo primero que encuentres.

EJEMPLO PRÁCTICO: EL CASO DE ALEJANDRO

Alejandro siempre había sido una persona complaciente en sus relaciones. Temía que, si expresaba sus verdaderos deseos o necesidades, su pareja lo abandonaría. Tras una ruptura dolorosa, decidió trabajar en su autoconocimiento y autoestima. Comenzó a asistir a terapia, a llevar un diario y a practicar la meditación para conectarse con sus emociones. Con el tiempo, descubrió que, en lugar de buscar la aprobación de los demás, necesitaba aprender a valorarse a sí mismo. Hoy en día, Alejandro se siente más seguro y ha comenzado a establecer límites claros en sus relaciones.

EJERCICIOS PRÁCTICOS PARA FORTALECER TU AUTOCONOCIMIENTO Y AUTOESTIMA

1 Visualización guiada: Dedica unos minutos al día a visualizarte como la persona que quieres ser. Imagina cómo te sentirías si tuvieras una autoestima fuerte y relaciones saludables.

2 Autobiografía emocional: Escribe una breve autobiografía centrándote en tus experiencias emocionales más significativas. ¿Qué has aprendido de ellas? ¿Cómo han influido en quién eres hoy?

3 Práctica de afirmaciones: Crea una lista de afirmaciones positivas que puedas repetir cada mañana. Algunas ideas incluyen: "Soy suficiente tal como soy", "Merezco amor y respeto" y "Confío en mí mismo para tomar buenas decisiones".

Estos ejercicios te ayudarán a fortalecer tu relación contigo mismo, que es la base para construir una vida emocionalmente independiente y plena.

CAPÍTULO SIETE

ESTABLECIENDO LÍMITES SALUDABLES

Clara siempre había sido la persona que decía "sí" a todo. Cuando su mejor amiga le pedía un favor, ella dejaba de lado sus propios planes para ayudarla. En el trabajo, aceptaba más responsabilidades de las que podía manejar, temiendo que sus colegas pensaran que no era lo suficientemente competente. En sus relaciones amorosas, dejaba que sus parejas decidieran todo, desde los planes para el fin de semana hasta los detalles más pequeños de su vida cotidiana. Aunque al principio sentía que estaba haciendo lo correcto, con el tiempo comenzó a sentirse agotada, resentida y perdida. Clara había caído en un patrón de **falta de límites**, algo que no solo afectaba su bienestar, sino también sus relaciones.

Establecer límites saludables es fundamental para proteger tu bienestar emocional y mantener relaciones equilibradas. Sin embargo, muchas personas, especialmente aquellas que luchan con la dependencia emocional, tienen dificultades para establecer límites claros por miedo al rechazo, al conflicto o a no ser queridas.

¿QUÉ SON LOS LÍMITES SALUDABLES?

Los **límites** son las líneas invisibles que definen dónde terminas tú y dónde comienzan los demás. Son las reglas y expectativas que establecemos para proteger nuestra integridad física, emocional y mental. Los límites saludables nos permiten sentirnos seguros y respetados en nuestras relaciones, y son esenciales para mantener un equilibrio entre nuestras necesidades y las de los demás.

1 Tipos de límites:

◦ **Físicos**: Se refieren a tu espacio personal, tu privacidad y tu confort físico. Incluyen cosas como la cantidad de contacto físico que toleras o la necesidad de tener tiempo a solas.

◦ **Emocionales**: Protegen tus sentimientos y tu bienestar emocional. Implican decir "no" a conversaciones o situaciones que te resultan emocionalmente agotadoras.

◦ **Mentales**: Relacionados con tus pensamientos, creencias y opiniones. Respetar los límites mentales significa no permitir que otros te presionen para que cambies tus creencias o puntos de vista.

◦ **Materiales**: Tienen que ver con tus pertenencias y tu dinero. Incluyen la forma en que compartes tus recursos con los demás.

◦ **Temporales**: Implican el manejo de tu tiempo y tu energía, asegurándote de no comprometerte en exceso.

2 El propósito de los límites: Los límites no son una barrera para mantener a los demás alejados, sino una forma de protegerte a ti mismo y de mantener tus relaciones en un estado saludable. Establecer límites te permite mantener tu autonomía, tu autoestima y tu bienestar emocional.

LA RELACIÓN ENTRE LA DEPENDENCIA EMOCIONAL Y LA FALTA DE LÍMITES

Las personas que luchan con la **dependencia emocional** a menudo tienen dificultades para establecer límites, ya que temen que, al hacerlo, puedan ser rechazadas o abandonadas. Esta falta de límites puede manifestarse en diferentes aspectos de su vida, desde decir "sí" a todo para complacer a los demás hasta tolerar comportamientos abusivos por miedo a perder la relación.

1 La complacencia como mecanismo de defensa: Las personas dependientes suelen ser complacientes porque creen que, si hacen feliz a los demás, serán amadas y aceptadas. Sin embargo, esta actitud puede llevar a un agotamiento emocional y a una pérdida de identidad.

2 El miedo al conflicto: Para alguien con dependencia emocional, el conflicto se percibe como una amenaza a la relación. Por lo tanto, pueden evitar expresar sus necesidades o establecer límites para no causar problemas.

3 Sacrificio de uno mismo: Las personas con baja autoestima tienden a poner las necesidades de los demás por encima de las suyas. Creen que, si priorizan a los demás, finalmente serán recompensadas con amor y reconocimiento.

SEÑALES DE QUE NO ESTÁS ESTABLECIENDO LÍMITES SALUDABLES

Si no estás seguro de si tienes problemas para establecer límites, aquí hay algunas señales que pueden indicarte que necesitas trabajar en este aspecto:

1 Te sientes agotado o resentido: Cuando siempre dices "sí" a los demás, incluso cuando no quieres, puedes comenzar a sentirte agotado y resentido.

2 Tienes miedo de decir "no": Si te preocupa que los demás se enfaden o te rechacen si estableces un límite, es una señal de que necesitas trabajar en este aspecto.

3 Te cuesta tomar decisiones por ti mismo: Si constantemente buscas la aprobación de los demás antes de tomar una decisión, es posible que no tengas límites claros.

4 Te sientes responsable de las emociones de los demás: Si sientes que es tu deber hacer felices a los demás, puedes estar permitiendo que tus límites sean traspasados.

5 Tienes dificultades para pedir lo que necesitas: Si te sientes incómodo al expresar tus necesidades, es una señal de que no estás estableciendo límites saludables.

CÓMO ESTABLECER LÍMITES SALUDABLES

Establecer límites puede ser un desafío, especialmente si no estás acostumbrado a hacerlo. Sin embargo, con práctica y paciencia, puedes aprender a establecer límites que protejan tu bienestar y te permitan tener relaciones más equilibradas.

1 Reconoce tus necesidades y deseos: Antes de poder establecer límites, necesitas entender qué es lo que realmente necesitas. Reflexiona sobre las situaciones en las que te has sentido incómodo o resentido y pregúntate qué te gustaría que fuera diferente.

- **Ejercicio práctico**: Haz una lista de las situaciones en las que te has sentido incómodo últimamente y anota cómo podrías haber establecido un límite para protegerte.

2 Aprende a decir "no": Decir "no" no te convierte en una mala persona. De hecho, establecer límites claros es una muestra de respeto tanto hacia ti mismo como hacia los demás.

- **Ejercicio práctico**: Practica decir "no" en situaciones pequeñas para acostumbrarte a hacerlo. Por ejemplo, si un amigo te pide un favor que realmente no quieres hacer, intenta decir algo como: "Lo siento, pero en este momento no puedo".

3 Sé claro y directo: Cuando establezcas un límite, sé claro y específico sobre lo que necesitas. Evita ser vago o indirecto, ya que esto puede llevar a malentendidos.

- **Ejemplo**: En lugar de decir "Me gustaría que me respetaras más", intenta algo como "Necesito que me avises con anticipación si vas a cancelar nuestros planes, para que no me quede esperando".

4 Establece límites con compasión: No tienes que ser agresivo para establecer límites. Puedes ser firme y amable al mismo tiempo.

- **Ejercicio práctico**: Practica cómo comunicar un límite con empatía. Por ejemplo, "Entiendo que estás ocupado, pero necesito que me avises si no puedes cumplir con lo que acordamos".

5 Prepárate para la resistencia: Es posible que algunas personas no reaccionen bien cuando empieces a establecer límites, especialmente si están acostumbradas a que siempre digas "sí". Es importante mantenerte firme y recordar que estás protegiendo tu bienestar.

EJEMPLO PRÁCTICO: EL CASO DE DANIEL

Daniel siempre había tenido problemas para decir "no". Cuando su jefe le pedía que trabajara horas extra, aceptaba a pesar de sentirse agotado. En sus relaciones románticas, siempre hacía lo que su pareja quería, incluso si eso significaba sacrificar sus propios intereses. Tras una serie de episodios en los que se sintió utilizado y agotado, Daniel decidió que era momento de cambiar. Comenzó a asistir a terapia, donde aprendió la importancia de establecer límites. Poco a poco, comenzó a practicar decir "no" y a expresar sus necesidades de manera clara. Aunque al principio le resultó difícil, pronto descubrió que sus relaciones se volvían más equilibradas y satisfactorias.

EJERCICIOS PRÁCTICOS PARA FORTALECER TU CAPACIDAD DE ESTABLECER LÍMITES

1 Crea un "manifiesto de límites": Escribe un documento en el que detalles qué límites son importantes para ti en tus relaciones personales, laborales y familiares. Revisa este manifiesto regularmente para recordarte tus prioridades.

2 Practica el autocuidado: Parte de establecer límites saludables implica asegurarte de que tienes tiempo y energía para cuidar de ti mismo.

º **Ejercicio práctico**: Dedica al menos una hora a la semana para hacer algo que te haga sentir bien, ya sea leer, hacer ejercicio o simplemente relajarte.

3 Reflexiona sobre tus relaciones: Haz una lista de tus relaciones más cercanas y reflexiona sobre si son equilibradas. ¿Sientes que puedes ser tú mismo en ellas? ¿Te sientes agotado o utilizado? Esto te ayudará a identificar dónde necesitas establecer límites.

4 Ensaya conversaciones difíciles: Si tienes dificultades para establecer límites con ciertas personas, ensaya lo que quieres decir con un amigo o frente al espejo. Esto te ayudará a sentirte más seguro cuando llegue el momento de tener la conversación.

Estos ejercicios te ayudarán a desarrollar la habilidad de establecer límites saludables, protegiendo tu bienestar emocional y fortaleciendo tus relaciones. Aprender a establecer límites es una de las mejores formas de cuidar de ti mismo y construir una vida más plena y satisfactoria

CAPÍTULO OCHO

SANAR HERIDAS EMOCIONALES DEL PASADO

Cuando Isabel comenzó a trabajar en su desarrollo personal, se dio cuenta de que había un patrón recurrente en sus relaciones. Aunque se esforzaba por construir conexiones saludables, a menudo terminaba en relaciones tóxicas con personas que la trataban con indiferencia o desprecio. En sus sesiones de terapia, Isabel descubrió que gran parte de su comportamiento estaba impulsado por **heridas emocionales del pasado** que nunca había sanado. Había pasado su infancia sintiéndose ignorada por sus padres, lo que la había llevado a buscar desesperadamente la validación de los demás. A través del proceso de **sanar esas heridas**, Isabel comenzó a transformar su vida y sus relaciones.

Para muchas personas que luchan con la dependencia emocional, las experiencias pasadas —especialmente las que ocurrieron durante la infancia— tienen un impacto profundo en su forma de relacionarse con los demás. Sanar esas heridas emocionales es un paso crucial para recuperar la independencia emocional y construir relaciones más saludables.

¿QUÉ SON LAS HERIDAS EMOCIONALES?

Las **heridas emocionales** son el resultado de experiencias dolorosas que dejan cicatrices profundas en nuestra psique. Estas heridas pueden provenir de eventos como el rechazo, el abandono, la traición o la crítica constante. Cuando estas experiencias no se procesan adecuadamente, se quedan grabadas en nuestro subconsciente y afectan la forma en que nos percibimos a nosotros mismos y cómo nos relacionamos con los demás.

1 El origen de las heridas emocionales: Estas heridas a menudo tienen su origen en la infancia, cuando somos más vulnerables e impresionables. Las palabras o acciones de nuestros cuidadores, así como nuestras experiencias en la escuela o en el entorno social, pueden dejar una marca duradera en nuestra autoestima y en nuestra capacidad para confiar en los demás.

2 Cómo se manifiestan en la vida adulta: Las heridas emocionales no tratadas pueden manifestarse en patrones de comportamiento destructivos, como la dependencia emocional, el autosabotaje, la baja autoestima, el miedo al abandono o la dificultad para establecer límites.

LAS HERIDAS EMOCIONALES MÁS COMUNES Y SU IMPACTO

A continuación, exploraremos algunas de las heridas emocionales más comunes y cómo pueden influir en nuestras relaciones y en nuestra vida cotidiana:

1 Herida de abandono

- **Cómo se origina**: Surge cuando un niño se siente abandonado emocional o físicamente por sus cuidadores. Puede ser el resultado de padres que están demasiado ocupados para prestar atención, o de experiencias como el divorcio, la muerte de un progenitor o el distanciamiento emocional.

- **Impacto en la vida adulta**: Las personas con esta herida tienden a desarrollar un apego ansioso en sus relaciones. Buscan constantemente la validación de los demás y tienen un miedo profundo a la soledad, lo que las lleva a aceptar comportamientos tóxicos para evitar el abandono.

2 Herida de rechazo

○ **Cómo se origina**: Esta herida se forma cuando un niño siente que no es aceptado tal como es. Puede ser el resultado de críticas constantes, burlas o de no sentirse lo suficientemente bueno para sus padres.

○ **Impacto en la vida adulta**: Las personas con esta herida suelen tener una baja autoestima y un miedo intenso al rechazo. Pueden evitar expresar sus verdaderos sentimientos por temor a ser rechazadas o pueden intentar agradar a todos para evitar ser criticadas.

3 Herida de traición

○ **Cómo se origina**: Se desarrolla cuando un niño siente que ha sido traicionado por alguien en quien confiaba, ya sea un padre que no cumplió una promesa o un amigo cercano que lo defraudó.

○ **Impacto en la vida adulta**: Esta herida puede llevar a desarrollar problemas de confianza en las relaciones. Las personas con esta herida tienden a ser controladoras, desconfiadas y a tener dificultades para abrirse emocionalmente.

4 Herida de humillación

○ **Cómo se origina**: Se forma cuando un niño es avergonzado o ridiculizado, ya sea por sus cuidadores, compañeros de escuela o figuras de autoridad.

○ **Impacto en la vida adulta**: Las personas que han experimentado esta herida tienden a tener una autoestima baja y pueden convertirse en personas complacientes, siempre dispuestas a sacrificarse para evitar ser criticadas o humilladas de nuevo.

CÓMO SANAR LAS HERIDAS EMOCIONALES

Sanar una herida emocional no es un proceso fácil ni rápido, pero es fundamental para romper los patrones de dependencia emocional y construir relaciones más saludables. A continuación, te presento algunas estrategias para comenzar el camino hacia la sanación:

1 Reconoce tus heridas: El primer paso para sanar es reconocer que tienes una herida emocional. Muchas personas niegan o minimizan sus experiencias pasadas, lo que impide que puedan sanar. Reflexiona sobre tus patrones de comportamiento y pregúntate si están relacionados con experiencias pasadas.

º **Ejercicio práctico**: Lleva un diario en el que registres tus emociones y reflexiones sobre situaciones que te generan ansiedad o malestar. Pregúntate si esas emociones están vinculadas a experiencias del pasado.

2 Acepta y valida tus sentimientos: Permítete sentir el dolor, la tristeza o la rabia asociados con tus experiencias pasadas. A menudo, intentamos evitar o reprimir estas emociones, lo que solo prolonga nuestro sufrimiento.

º **Ejercicio práctico**: Dedica unos minutos al día para sentarte en un lugar tranquilo y permitirte sentir tus emociones sin juzgarte. Puedes hacerlo a través de la meditación o simplemente reflexionando en silencio.

3 Practica la escritura terapéutica: Escribir puede ser una herramienta poderosa para liberar emociones reprimidas y procesar experiencias dolorosas.

º **Ejercicio práctico**: Escribe una carta a tu "yo" del pasado, expresando cómo te sientes sobre lo que viviste. Luego, escribe una respuesta como si fueras tu "yo" adulto, ofreciéndote consuelo y comprensión.

4 Perdona, pero no olvides: El perdón no significa justificar el comportamiento de quienes te hicieron daño, sino liberarte del resentimiento para poder avanzar. Sin embargo, es importante recordar lo que sucedió para no repetir los mismos patrones en el futuro.

○ **Ejercicio práctico**: Haz una lista de las personas que te han lastimado en el pasado. Reflexiona sobre lo que aprendiste de cada experiencia y, si te sientes preparado, escribe una carta de perdón (sin necesidad de enviarla).

5 Busca ayuda profesional: A veces, sanar una herida emocional requiere la guía de un terapeuta que pueda ayudarte a procesar tus experiencias y ofrecerte herramientas para manejar tus emociones.

CÓMO LAS HERIDAS EMOCIONALES AFECTAN LAS RELACIONES ACTUALES

Una vez que hayas identificado y comenzado a sanar tus heridas emocionales, es importante entender cómo estas pueden seguir afectando tus relaciones. Aquí hay algunos ejemplos de cómo las heridas no resueltas pueden manifestarse en tus vínculos actuales:

1 Proyección: A menudo proyectamos nuestras heridas pasadas en nuestras parejas, esperando que nos den el amor y la validación que no recibimos en nuestra infancia. Esto puede llevar a expectativas poco realistas y a conflictos en la relación.

○ **Ejemplo**: Si sufriste abandono en tu infancia, podrías volverte excesivamente dependiente de tu pareja, temiendo constantemente que te deje.

2 Autoprotección extrema: Las personas que han sido traicionadas en el pasado pueden volverse emocionalmente inaccesibles como una forma de protegerse. Esto puede dificultar la creación de relaciones profundas y significativas.

3 Complacencia excesiva: Aquellos que han sido rechazados o criticados pueden volverse complacientes, sacrificando sus propios deseos y necesidades para evitar el conflicto y ser aceptados.

EJEMPLO PRÁCTICO: EL CASO DE CARLOS

Carlos, de 40 años, había tenido problemas para mantener relaciones a lo largo de su vida. Siempre sentía que sus parejas lo iban a traicionar y, como resultado, se volvía celoso y controlador. Tras asistir a terapia, Carlos descubrió que su comportamiento estaba relacionado con el abandono que había sufrido de su padre cuando era niño. Al trabajar en sanar esa herida, Carlos aprendió a confiar en los demás y a no proyectar sus miedos en sus parejas.

EJERCICIOS PRÁCTICOS PARA SANAR HERIDAS EMOCIONALES

1 Meditación guiada para la sanación emocional: Dedica 15 minutos al día a una meditación que se enfoque en sanar tus heridas emocionales. Imagina que estás rodeado de luz y compasión, permitiéndote sentir y liberar el dolor que llevas dentro.

2 Autocompasión activa: Practica la autocompasión hablándote a ti mismo como lo harías con un amigo cercano que ha pasado por una situación similar.

3 Visualización de liberación: Imagina que estás cortando los lazos que te mantienen atado a tus heridas pasadas. Visualiza cómo te liberas y comienzas a sentirte más ligero y en paz contigo mismo.

Sanar tus heridas emocionales es un proceso que lleva tiempo, pero es fundamental para desarrollar una independencia emocional sólida y para construir relaciones más saludables y satisfactorias en el futuro.

CAPÍTULO NUEVE

MINDFULNESS Y MEDITACIÓN PARA LA AUTONOMÍA EMOCIONAL

Alejandra siempre había sido una persona ansiosa. Pasaba sus días preocupándose por lo que los demás pensaban de ella, y sus noches reviviendo conversaciones que había tenido durante el día, preguntándose si había dicho algo inapropiado. Este patrón de pensamiento constante y obsesivo la dejaba emocionalmente agotada y la hacía depender de los demás para sentirse validada. Fue su terapeuta quien le sugirió que probara **mindfulness y meditación** para reducir su ansiedad y aprender a conectarse con el presente. Aunque al principio fue escéptica, Alejandra decidió darle una oportunidad. Después de meses de práctica, comenzó a notar un cambio significativo en su vida: ya no sentía la necesidad constante de buscar la aprobación externa y, por primera vez en mucho tiempo, experimentó una sensación de paz y autonomía emocional.

El **mindfulness** (atención plena) y la **meditación** son herramientas poderosas que pueden ayudarte a desarrollar una **independencia emocional** y a liberarte de patrones de dependencia y ansiedad. A lo largo de este capítulo, exploraremos cómo estas prácticas pueden transformar tu vida y proporcionarte la estabilidad emocional que necesitas para construir relaciones más saludables.

¿QUÉ ES EL MINDFULNESS?

El mindfulness es la práctica de prestar atención de manera intencionada al momento presente, sin juzgarlo. En lugar de dejarnos llevar por pensamientos sobre el pasado o preocupaciones sobre el futuro, el mindfulness nos invita a enfocarnos en lo que está ocurriendo **aquí y ahora**. Esta práctica puede ayudarte a reducir el estrés, la ansiedad y la dependencia emocional, ya que te permite conectar contigo mismo y responder a las situaciones desde un lugar de calma y claridad.

1 Beneficios del mindfulness para la independencia emocional:

◦ **Reducción de la ansiedad**: La práctica del mindfulness puede ayudarte a calmar tu mente y a reducir los pensamientos obsesivos sobre lo que los demás piensan de ti.

◦ **Mayor autoconciencia**: Al enfocarte en el presente, puedes identificar tus pensamientos y emociones sin dejar que te dominen. Esto te permite responder de manera más consciente y menos reactiva.

◦ **Desarrollo de la autoaceptación**: Al practicar la atención plena, aprendes a aceptar tus pensamientos y emociones sin juzgarte. Esto te ayuda a desarrollar una mayor compasión hacia ti mismo y a liberar la necesidad de validación externa.

¿QUÉ ES LA MEDITACIÓN Y CÓMO PUEDE AYUDARTE?

La meditación es una práctica que implica enfocar tu atención y eliminar los pensamientos dispersos que pueden estar llenando tu mente. Aunque hay muchos tipos de meditación, todas tienen como objetivo ayudarte a desarrollar una mayor conexión contigo mismo y a encontrar un estado de paz interior.

1 Cómo la meditación apoya la independencia emocional:

- **Fortalece tu capacidad para estar solo**: La meditación te enseña a estar cómodo en tu propia compañía, reduciendo el miedo a la soledad y la necesidad de buscar constantemente la aprobación de los demás.

- **Desarrolla la resiliencia emocional**: Practicar la meditación regularmente te ayuda a ser más resiliente frente al estrés y las dificultades emocionales, lo que te permite enfrentar los desafíos de la vida con una mayor sensación de equilibrio.

- **Aumenta la autocompasión**: La meditación puede ayudarte a cultivar una relación más amorosa contigo mismo, lo que reduce la dependencia de recibir amor y validación de los demás.

MINDFULNESS Y DEPENDENCIA EMOCIONAL: ¿CÓMO ESTÁN RELACIONADOS?

La dependencia emocional suele surgir cuando buscamos en los demás una sensación de seguridad y validación que no podemos encontrar en nosotros mismos. La práctica del mindfulness y la meditación puede ayudarte a desarrollar una mayor **autonomía emocional** al enseñarte a ser tu propia fuente de estabilidad y bienestar.

1 Romper el ciclo de la dependencia emocional: Al practicar mindfulness, te vuelves más consciente de tus patrones de pensamiento y comportamiento. Esto te permite identificar cuándo estás actuando desde la necesidad de validación externa y, en su lugar, elegir una respuesta más saludable.

2 Aprender a regular tus emociones: La meditación te enseña a observar tus emociones sin dejar que te abrumen. Esto es particularmente útil para las personas que luchan con la ansiedad por la aprobación o el miedo al abandono, ya que les permite manejar estas emociones de manera más efectiva.

PRÁCTICAS DE MINDFULNESS PARA FOMENTAR LA AUTONOMÍA EMOCIONAL

A continuación, te presento algunas prácticas de mindfulness que puedes incorporar en tu vida diaria para desarrollar una mayor independencia emocional:

1 Meditación de respiración consciente

◦ **Cómo practicar**: Siéntate en un lugar tranquilo, cierra los ojos y enfoca tu atención en tu respiración. Inhala profundamente por la nariz y exhala lentamente por la boca. Si tu mente comienza a divagar, simplemente vuelve tu atención a tu respiración sin juzgarte.

◦ **Beneficios**: Esta práctica te ayuda a calmar la mente, reducir la ansiedad y reconectarte con el momento presente.

2 Exploración corporal (body scan)

◦ **Cómo practicar**: Acuéstate en una superficie cómoda y, comenzando por tus pies, dirige tu atención a cada parte de tu cuerpo, notando cualquier tensión o sensación. Tómate tu tiempo para explorar cada parte del cuerpo, desde los pies hasta la cabeza.

◦ **Beneficios**: Esta práctica te ayuda a desarrollar una mayor conexión con tu cuerpo y a liberar la tensión acumulada, lo que puede mejorar tu bienestar emocional.

3 Meditación de autocompasión

◦ **Cómo practicar**: Siéntate en un lugar tranquilo y cierra los ojos. Visualiza una luz cálida que te rodea y te envuelve con amor. Mientras respiras, repite en tu mente frases como "Soy suficiente tal como soy" o "Merezco amor y compasión".

◦ **Beneficios**: Esta meditación es ideal para desarrollar una mayor autoaceptación y reducir la necesidad de validación externa.

TÉCNICAS DE MINDFULNESS PARA APLICAR EN TU VIDA DIARIA

El mindfulness no se limita a la meditación formal; puedes practicar la atención plena en tu vida diaria para desarrollar una mayor independencia emocional.

1 Comer con atención: En lugar de apresurarte a comer, toma un momento para saborear cada bocado, notando su sabor, textura y aroma. Esto te ayuda a estar presente y a disfrutar del momento.

2 Caminatas conscientes: La próxima vez que salgas a caminar, presta atención a tu entorno. Siente el suelo bajo tus pies, nota el aire en tu piel y escucha los sonidos a tu alrededor. Esta práctica te ayuda a desconectar del piloto automático y a reconectarte con el presente.

3 Escucha atenta: Cuando hables con alguien, practica la atención plena escuchando de verdad, sin interrumpir ni planear lo que vas a decir a continuación. Esto no solo mejora tus relaciones, sino que también te ayuda a estar más presente.

EJEMPLO PRÁCTICO: EL CASO DE JUAN

Juan era un hombre que siempre se preocupaba por lo que los demás pensaban de él. Su miedo al rechazo lo llevaba a aceptar compromisos que no quería y a mantenerse en relaciones que no le hacían feliz. Después de un ataque de ansiedad que lo llevó a buscar ayuda, su terapeuta le recomendó la práctica del mindfulness. Al principio, Juan pensó que no era para él, ya que tenía una mente hiperactiva que no podía dejar de pensar. Sin embargo, con el tiempo, empezó a notar que la meditación lo ayudaba a calmar su mente y a sentirse más en control de sus emociones. Poco a poco, Juan aprendió a decir "no" sin culpa y a priorizar sus propias necesidades.

EJERCICIOS PRÁCTICOS PARA INTEGRAR EL MINDFULNESS EN TU VIDA

1 Diario de gratitud y autocompasión: Cada noche, escribe tres cosas por las que estás agradecido y tres formas en las que te has tratado con amabilidad durante el día. Esta práctica te ayudará a desarrollar una actitud más positiva hacia ti mismo y a reducir la necesidad de aprobación externa.

2 Meditación de 5 minutos al despertar: Dedica los primeros cinco minutos de tu día a una breve meditación enfocada en la respiración. Esto te ayudará a empezar el día con calma y a establecer un estado mental positivo.

3 Mindfulness en momentos de estrés: La próxima vez que te sientas abrumado por la ansiedad, toma un momento para detenerte, respirar profundamente y enfocarte en el aquí y ahora. Pregúntate: "¿Qué estoy sintiendo en este momento?" y "¿Qué necesito para estar bien ahora mismo?".

Incorporar la práctica del mindfulness y la meditación en tu vida puede transformar tu relación contigo mismo y con los demás. Estas herramientas te permitirán desarrollar una mayor **autonomía emocional**, reducir la dependencia de la validación externa y vivir una vida más plena y consciente. A través del mindfulness, puedes aprender a confiar en ti mismo, a aceptar tus emociones sin juzgarte y a encontrar la paz interior que necesitas para vivir con independencia emocional.

CAPÍTULO DIEZ

SUPERAR LA ANSIEDAD EN LAS RELACIONES

Martín había estado saliendo con Carla durante varios meses. Desde el exterior, su relación parecía perfecta: ambos se querían y disfrutaban de la compañía mutua. Sin embargo, Martín vivía una batalla interna. A pesar de que Carla no le había dado motivos para dudar de ella, él se sentía constantemente ansioso, revisando su teléfono y preocupándose si no respondía a sus mensajes de inmediato. Sentía un temor abrumador a que ella lo dejara, a pesar de que no había ninguna señal de que eso fuera a suceder. Esta **ansiedad en las relaciones** no solo afectaba su bienestar emocional, sino también la calidad de su relación con Carla.

La ansiedad en las relaciones es un problema común, especialmente para aquellos que luchan con la dependencia emocional. Este tipo de ansiedad puede manifestarse como miedo al rechazo, necesidad constante de validación o preocupación excesiva por el futuro de la relación. En este capítulo, exploraremos las causas de la ansiedad en las relaciones y ofreceremos estrategias para manejarla y reducir su impacto en tu vida amorosa.

¿QUÉ ES LA ANSIEDAD EN LAS RELACIONES?

La **ansiedad en las relaciones** es un estado de preocupación constante sobre la estabilidad de la relación y el comportamiento de la otra persona. Puede hacer que te sientas inseguro sobre si tu pareja realmente te quiere o si la relación tiene un futuro. Esta ansiedad puede ser debilitante, ya que te mantiene en un estado de alerta constante, impidiendo que disfrutes de la relación.

1 Síntomas de la ansiedad en las relaciones:

- Preocupación constante por ser rechazado o abandonado.

- Necesidad de comprobar el amor y la lealtad de tu pareja, buscando señales de que algo está mal.

- Celos excesivos, incluso cuando no hay razones para sospechar.

- Sentimientos de inferioridad y de no ser lo suficientemente bueno para tu pareja.

- Análisis excesivo de cada mensaje, conversación o gesto de tu pareja.

2 Diferencia entre la ansiedad normal y la ansiedad en las relaciones: Es normal sentirse un poco ansioso al inicio de una relación o cuando atraviesas una fase difícil con tu pareja. Sin embargo, la ansiedad en las relaciones se vuelve problemática cuando afecta tu vida diaria y tu capacidad para disfrutar de la relación.

CAUSAS DE LA ANSIEDAD EN LAS RELACIONES

Para entender cómo superar la ansiedad en las relaciones, es fundamental comprender sus causas. Esta ansiedad suele tener raíces profundas que pueden incluir experiencias pasadas, baja autoestima o patrones de pensamiento disfuncionales.

1 Inseguridades personales: La falta de confianza en uno mismo puede llevar a una necesidad constante de validación externa. Las personas con baja autoestima suelen dudar de su valor y se preguntan constantemente si son lo suficientemente buenas para su pareja.

- **Ejemplo**: Sofía había crecido con un padre crítico que nunca estaba satisfecho con sus logros. Como resultado, en sus relaciones románticas, siempre sentía que no era suficiente y necesitaba que su pareja la elogiara constantemente para sentirse valorada.

2 Traumas pasados: Las experiencias de abandono, traición o rechazo en el pasado pueden dejar cicatrices profundas que influyen en cómo te relacionas en el presente. Si has experimentado una ruptura dolorosa o te han traicionado, es posible que desarrolles un miedo excesivo a que la historia se repita.

3 Apego ansioso: Según la teoría del apego, las personas que desarrollaron un estilo de apego ansioso en la infancia tienden a volverse excesivamente dependientes en sus relaciones. Este estilo de apego se caracteriza por la necesidad constante de cercanía y validación.

- **Ejemplo**: Durante su infancia, Lucas había crecido con una madre que no siempre estaba presente emocionalmente. Como adulto, temía que su pareja lo abandonara, por lo que constantemente buscaba pruebas de que ella lo quería.

4 Pensamiento catastrófico: La tendencia a imaginar siempre el peor escenario posible es otra causa común de la ansiedad en las relaciones. Si te encuentras pensando "¿Y si me deja?" o "¿Y si ya no me quiere?", es probable que estés atrapado en un ciclo de pensamiento catastrófico.

CÓMO LA ANSIEDAD EN LAS RELACIONES AFECTA A LA PAREJA

La ansiedad no solo afecta a la persona que la experimenta, sino también a su pareja y a la calidad de la relación. Aquí hay algunas formas en que la ansiedad puede deteriorar una relación:

1 Comportamientos de control y celos: La ansiedad puede llevarte a comportamientos controladores, como revisar el teléfono de tu pareja, exigir explicaciones constantes o limitar sus interacciones sociales.

○ **Ejemplo**: Carla se sentía ansiosa cada vez que su novio salía con sus amigos. Para sentirse más segura, le pedía que le enviara mensajes de texto cada hora, lo que generó tensión en la relación.

2 Necesidad constante de validación: La búsqueda continua de afirmación puede ser agotadora para tu pareja, ya que siente que nada de lo que haga es suficiente para calmar tus inseguridades.

3 Auto-sabotaje: Las personas ansiosas pueden sabotear sus relaciones al volverse excesivamente críticas, demandantes o al distanciarse emocionalmente por miedo a ser heridas.

CÓMO SUPERAR LA ANSIEDAD EN LAS RELACIONES

Aunque la ansiedad en las relaciones puede ser debilitante, hay estrategias que puedes utilizar para manejarla y reducir su impacto en tu vida. A continuación, te presento algunas técnicas que pueden ayudarte a superar esta ansiedad y a desarrollar una mayor independencia emocional.

1 Practica la autoobservación y la reflexión: La clave para superar la ansiedad es aprender a reconocer cuándo estás actuando desde un lugar de miedo en lugar de confianza.

○ **Ejercicio práctico**: Lleva un diario en el que registres tus pensamientos ansiosos sobre tu relación. Anota qué desencadenó esos pensamientos y reflexiona sobre si están basados en la realidad o en tus inseguridades.

2 Desarrolla la autoafirmación: En lugar de buscar validación externa, trabaja en fortalecer tu propia autoestima. Recuérdate a ti mismo que eres digno de amor y que tu valor no depende de los demás.

◦ **Ejercicio práctico**: Cada mañana, escribe tres afirmaciones positivas sobre ti mismo, como "Soy suficiente tal como soy" o "Merezco ser amado y respetado".

3 Comunicación asertiva con tu pareja: Hablar abiertamente sobre tus inseguridades y preocupaciones puede ayudarte a reducir la ansiedad. Sin embargo, es importante hacerlo de manera asertiva y no acusatoria.

◦ **Ejemplo**: En lugar de decir "Nunca me prestas atención", prueba con "Me he sentido un poco inseguro últimamente y necesito un poco más de tiempo de calidad contigo".

4 Practica la gratitud y el enfoque en lo positivo: La ansiedad tiende a enfocarse en lo que falta o en lo que podría salir mal. Cambia tu enfoque hacia lo que está funcionando bien en tu relación.

◦ **Ejercicio práctico**: Lleva un diario de gratitud en el que anotes tres cosas que te gusten de tu pareja o de tu relación cada día.

5 Usa técnicas de relajación y mindfulness: La meditación y la respiración profunda pueden ayudarte a calmar tu mente y a reducir la ansiedad. Estas prácticas te permiten conectar con el presente en lugar de preocuparte por el futuro.

◦ **Ejercicio práctico**: Dedica al menos 10 minutos al día a una meditación enfocada en la respiración. Esto te ayudará a reducir la ansiedad y a estar más presente en tu relación.

6 Establece límites emocionales saludables: Aprende a diferenciar entre tus propias emociones y las de tu pareja. No te hagas responsable de cómo se siente la otra persona ni permitas que sus emociones controlen tu bienestar.

◦ **Ejercicio práctico**: Cada vez que sientas que te estás haciendo responsable de las emociones de tu pareja, repítete: "Sus emociones no son mi responsabilidad".

EJEMPLO PRÁCTICO: EL CASO DE LAURA Y JORGE

Laura y Jorge llevaban dos años juntos, pero Laura sufría de ansiedad constante. Temía que Jorge la dejara por alguien más joven y atractiva, a pesar de que él nunca le había dado motivos para dudar de su compromiso. A medida que la ansiedad de Laura crecía, comenzó a volverse más controladora, exigiendo que Jorge le enviara su ubicación y revisando su teléfono en busca de pistas de infidelidad. Jorge, que al principio intentó tranquilizarla, finalmente comenzó a distanciarse debido al agotamiento emocional. Con la ayuda de un terapeuta, Laura comenzó a trabajar en sus miedos y a practicar mindfulness para reducir su ansiedad. Con el tiempo, aprendió a confiar en Jorge y a disfrutar de su relación sin la constante preocupación de perderlo.

EJERCICIOS PRÁCTICOS PARA SUPERAR LA ANSIEDAD EN LAS RELACIONES

1 Meditación de visualización positiva: Imagina un futuro en el que tu relación sea saludable y equilibrada. Visualiza cómo te sentirías si tuvieras confianza plena en ti mismo y en tu pareja.

2 Técnica de "reformular el pensamiento": Cada vez que tengas un pensamiento catastrófico, como "Me va a dejar", reformúlalo a algo más realista, como "No tengo pruebas de que eso sea cierto, y nuestra relación va bien".

3 Practica el auto-cuidado: Dedica tiempo a actividades que disfrutes y que te hagan sentir bien contigo mismo, como hacer ejercicio, leer o pasar tiempo con amigos. Esto te ayudará a reducir la ansiedad y a sentirte más equilibrado.

CAPÍTULO ONCE

DESINTOXICACIÓN DE LAS RELACIONES TÓXICAS

Cuando Daniela finalmente se decidió a poner fin a su relación de seis años con Marco, se sintió aliviada, pero también aterrada. Había estado atrapada en un ciclo de manipulación emocional y abuso verbal que la había dejado completamente agotada. Aunque sabía que esa relación era tóxica, se había aferrado a ella por miedo a estar sola y por la esperanza de que Marco algún día cambiara. Como muchas personas que experimentan la **dependencia emocional**, Daniela se había perdido a sí misma en un intento desesperado por salvar una relación que no tenía futuro.

Liberarse de una relación tóxica es uno de los pasos más difíciles para quienes han desarrollado una dependencia emocional. Aunque es una tarea ardua y dolorosa, desintoxicarse de una relación tóxica es fundamental para recuperar tu bienestar emocional y construir una vida más sana y equilibrada.

¿QUÉ ES UNA RELACIÓN TÓXICA?

Una **relación tóxica** es aquella en la que el bienestar emocional, mental o incluso físico de una persona se ve comprometido debido a la dinámica que se establece con la otra persona. En estas relaciones, el desequilibrio de poder, la manipulación y la falta de respeto son comunes. A menudo, las personas se quedan en este tipo de relaciones porque están atrapadas en patrones de dependencia emocional que les impiden salir.

1 Características de una relación tóxica:

◦ **Manipulación y control**: Una de las partes intenta controlar a la otra a través de la manipulación emocional, el chantaje, la crítica constante o el aislamiento.

◦ **Falta de respeto y límites**: Los límites de una persona son constantemente traspasados, ya sea a través de comentarios despectivos, burlas o violación de la privacidad.

◦ **Ciclos de abuso y reconciliación**: En las relaciones tóxicas, a menudo hay un ciclo de abusos seguidos de una fase de reconciliación en la que la persona abusiva promete cambiar, pero el patrón se repite.

◦ **Dependencia emocional**: La persona que sufre la toxicidad suele sentirse dependiente de su pareja para su felicidad, autoestima y validación, lo que le dificulta salir de la relación.

2 Tipos de relaciones tóxicas:

◦ **Relación abusiva**: Puede incluir abuso verbal, emocional, físico o sexual.

◦ **Relación de codependencia**: Ambas partes dependen mutuamente de manera poco saludable, con una persona que asume el rol de salvador y la otra el de víctima.

◦ **Relación narcisista**: Una persona ejerce control y manipulación sobre la otra para satisfacer sus propias necesidades de poder y ego.

¿POR QUÉ ES TAN DIFÍCIL SALIR DE UNA RELACIÓN TÓXICA?

Salir de una relación tóxica no es fácil, especialmente para aquellos que han desarrollado una fuerte dependencia emocional. Aquí exploraremos algunas de las razones por las que es tan difícil romper con una relación de este tipo:

1 Miedo a la soledad: Las personas con dependencia emocional temen estar solas, por lo que prefieren quedarse en una relación tóxica antes que enfrentar la incertidumbre de la soledad.

- **Ejemplo**: Ana, después de haber estado en una relación abusiva durante cinco años, tenía tanto miedo a estar sola que prefería tolerar el maltrato antes que dejar a su pareja.

2 Esperanza de que la otra persona cambie: A menudo, la persona que sufre el abuso se aferra a la creencia de que su pareja cambiará con el tiempo, especialmente si la relación ha tenido períodos buenos en el pasado.

3 Ciclos de abuso y reconciliación: Las fases de reconciliación después de un episodio de abuso pueden crear una adicción emocional, similar a la de una montaña rusa, en la que los momentos de alivio y cariño son seguidos por momentos de tensión y abuso.

4 Baja autoestima: Las personas que permanecen en relaciones tóxicas a menudo tienen una autoestima baja y creen que no merecen algo mejor. Pueden haber sido manipuladas para pensar que no encontrarán a nadie más que las quiera.

- **Ejemplo**: Carlos llevaba años con una pareja que lo despreciaba y criticaba constantemente. Creía que si se esforzaba lo suficiente, finalmente obtendría la validación que tanto necesitaba.

5 Vínculo traumático: El vínculo traumático es una conexión emocional que se forma entre la víctima y el abusador debido a los ciclos repetidos de abuso y reconciliación. Esta conexión es similar a la adicción y puede ser extremadamente difícil de romper.

CÓMO IDENTIFICAR SI ESTÁS EN UNA RELACIÓN TÓXICA

Antes de poder salir de una relación tóxica, necesitas ser capaz de reconocer que estás en una. A continuación, te presentamos algunas señales de advertencia:

1 Te sientes constantemente ansioso o inseguro: Si estás en una relación que te hace sentir nervioso o que estás caminando sobre cáscaras de huevo, es una señal de que algo no está bien.

2 Te sientes atrapado: Sientes que no puedes dejar la relación, a pesar de que sabes que no es saludable para ti.

3 Tu autoestima ha disminuido: Si antes tenías confianza en ti mismo, pero ahora te sientes menos valioso o digno, es posible que tu relación esté contribuyendo a esa sensación.

4 Tus amigos y familiares están preocupados: A menudo, las personas que te rodean pueden ver con mayor claridad los problemas en tu relación antes que tú.

5 Te encuentras justificando o minimizando el comportamiento de tu pareja: Si constantemente excusas el comportamiento abusivo de tu pareja o te convences de que no es tan malo, es una señal de que estás en una relación tóxica.

PASOS PARA DESINTOXICARTE DE UNA RELACIÓN TÓXICA

Salir de una relación tóxica no es solo una cuestión de dejar a la otra persona; también implica un proceso de desintoxicación emocional y mental para recuperar tu bienestar. Aquí hay algunos pasos que puedes seguir para liberarte:

1 Reconoce la realidad: El primer paso para desintoxicarte de una relación tóxica es reconocer que estás en una. Puede ser difícil aceptar que una persona a la que amas te está dañando, pero es esencial ser honesto contigo mismo.

o **Ejercicio práctico**: Escribe una lista de comportamientos tóxicos que has experimentado en tu relación. Verlo por escrito puede ayudarte a ver la realidad con mayor claridad.

2 Establece límites claros y firmes: Si has decidido dejar la relación, es importante establecer límites claros para protegerte. Esto puede incluir cortar el contacto con la otra persona y evitar lugares donde podrías encontrártela.

o **Ejercicio práctico**: Haz una lista de límites que necesitas establecer para proteger tu bienestar. Practica decir "no" y mantén tus límites con firmeza.

3 Rodéate de apoyo: No intentes salir de una relación tóxica por tu cuenta. Busca el apoyo de amigos, familiares o incluso de un terapeuta que pueda ayudarte a procesar tus emociones.

o **Ejemplo**: Laura se sintió fortalecida para dejar a su pareja abusiva cuando su mejor amiga le ofreció un lugar donde quedarse hasta que pudiera encontrar su propio espacio.

4 Cuida tu salud mental y emocional: Salir de una relación tóxica puede ser emocionalmente agotador. Asegúrate de dedicar tiempo al autocuidado y a la recuperación.

o **Ejercicio práctico**: Dedica al menos 30 minutos al día a actividades que te hagan sentir bien, como hacer ejercicio, meditar, leer o disfrutar de un hobby.

5 Practica la escritura terapéutica: Escribir sobre tus experiencias puede ayudarte a liberar el dolor y a entender mejor tus emociones.

o **Ejercicio práctico**: Escribe una carta a tu ex pareja, expresando todo lo que no pudiste decir durante la relación. No necesitas enviarla; simplemente es una forma de liberar tus emociones.

6 Recuerda por qué tomaste la decisión: Puede ser fácil caer en la trampa de la nostalgia y querer volver con tu ex pareja. En esos momentos, es útil recordar por qué decidiste dejar la relación en primer lugar.

º **Ejercicio práctico**: Lleva un diario en el que anotes las razones por las que terminaste la relación. Lee estas notas cada vez que sientas la tentación de volver.

CÓMO MANEJAR EL DUELO DESPUÉS DE UNA RELACIÓN TÓXICA

Incluso si sabes que salir de la relación fue lo mejor para ti, es normal sentir tristeza y dolor. El proceso de duelo después de una relación tóxica puede ser complicado, ya que a menudo incluye una mezcla de emociones, como alivio, tristeza, culpa y confusión.

1 Permítete sentir tus emociones: No intentes reprimir tus sentimientos. Permítete llorar, sentirte enojado o incluso aliviado. El duelo es un proceso necesario para sanar.

2 Evita idealizar la relación pasada: Es fácil recordar solo los momentos buenos y olvidar el dolor que sufriste. Mantén una perspectiva equilibrada.

3 Busca nuevas actividades y proyectos: Llena el tiempo que solías dedicar a la relación con actividades que te apasionen o que siempre quisiste probar. Esto te ayudará a reenfocarte en ti mismo y en tu crecimiento personal.

Estos pasos te ayudarán a iniciar el camino hacia la sanación y a reconstruir una vida más plena y satisfactoria fuera de la relación tóxica.

CAPÍTULO DOCE

RELACIONES SALUDABLES Y AUTÉNTICAS

Después de años de relaciones fallidas y dependientes, Laura finalmente conoció a Javier. Desde el principio, se sintió diferente: no había ansiedad constante, ni necesidad de impresionar o controlar cada detalle. En lugar de sentirse atrapada en un ciclo de expectativas y decepciones, se sintió libre para ser ella misma. A medida que la relación avanzaba, descubrió que había una diferencia fundamental entre las relaciones pasadas y esta: por primera vez, estaba construyendo una **relación saludable y auténtica**, basada en el respeto y la confianza mutuos.

A muchas personas que han experimentado dependencia emocional o relaciones tóxicas les resulta difícil imaginar cómo sería una relación verdaderamente sana. Sin embargo, aprender a construir relaciones auténticas no solo es posible, sino que es esencial para tu bienestar emocional. En este capítulo, exploraremos cómo se ve una relación saludable y te proporcionaremos estrategias para desarrollar vínculos basados en la confianza, el respeto y el amor mutuo.

¿QUÉ ES UNA RELACIÓN SALUDABLE?

Una **relación saludable** es aquella en la que ambas partes se sienten libres para ser ellas mismas, apoyadas en sus metas personales y respetadas en sus límites. A diferencia de las relaciones tóxicas o dependientes, las relaciones saludables se basan en la igualdad, la comunicación abierta y el crecimiento mutuo.

1 Características de una relación saludable:

◦ **Comunicación abierta y honesta**: Ambas partes se sienten cómodas expresando sus pensamientos y sentimientos sin temor a ser juzgadas.

◦ **Respeto mutuo**: Se respetan las diferencias, los límites y las necesidades del otro, sin tratar de cambiarlos.

◦ **Confianza**: La confianza es la base de la relación, lo que significa que no hay necesidad de controlar o supervisar a la otra persona.

◦ **Apoyo emocional**: Ambos miembros de la pareja se apoyan en sus objetivos personales y se animan a crecer como individuos.

◦ **Independencia**: A pesar de estar en una relación, cada persona mantiene su propia vida, amigos e intereses.

2 Diferencia entre amor verdadero y dependencia emocional: Una relación saludable no implica renunciar a ti mismo para complacer al otro. El amor verdadero se basa en la reciprocidad, la libertad y el deseo genuino de ver al otro feliz, incluso si eso significa que en ocasiones debes ceder o comprometerte.

SEÑALES DE QUE ESTÁS EN UNA RELACIÓN SALUDABLE

Después de haber experimentado relaciones tóxicas o dependientes, puede ser difícil reconocer los signos de una relación saludable. A continuación, te presentamos algunas señales que indican que tu relación está en un buen camino:

1 Te sientes seguro y relajado: No tienes que fingir ser alguien que no eres para ser aceptado.

2 Disfrutas del tiempo a solas sin sentirte culpable: Una relación saludable te permite mantener tu independencia y tiempo personal.

3 Tienes desacuerdos, pero sabes cómo resolverlos: Las discusiones no se convierten en batallas, sino en oportunidades para entenderse mejor.

4 Te sientes apoyado en tus metas y sueños: Tu pareja te motiva a crecer y a alcanzar tus objetivos.

5 Te sientes valorado y respetado: No necesitas buscar constantemente la aprobación de tu pareja para sentirte valioso.

CÓMO CONSTRUIR UNA RELACIÓN AUTÉNTICA Y SALUDABLE

Si has pasado la mayor parte de tu vida en relaciones tóxicas o dependientes, puede que te sientas perdido sobre cómo construir una relación saludable. Sin embargo, hay pasos que puedes seguir para desarrollar una relación auténtica y satisfactoria.

1 Fomenta la comunicación abierta y honesta: La base de cualquier relación sana es la capacidad de comunicarse de manera abierta. Esto significa no tener miedo de expresar tus necesidades, deseos y preocupaciones.

- **Ejercicio práctico**: Dedica un tiempo cada semana para tener una conversación abierta con tu pareja sobre cómo se sienten en la relación. Usa frases como "Me gustaría hablar de cómo me he sentido últimamente" en lugar de señalar con el dedo.

2 Practica la escucha activa: No basta con hablar; también necesitas ser capaz de escuchar a tu pareja de forma atenta y empática. Esto implica no interrumpir, no juzgar y tratar de entender el punto de vista del otro.

◦ **Ejercicio práctico**: Durante una conversación importante, repite lo que tu pareja ha dicho para asegurarte de que lo has entendido correctamente. Por ejemplo, "Lo que entiendo es que te has sentido ignorado últimamente, ¿es correcto?".

3 Establece y respeta los límites: Es fundamental establecer límites claros y respetarlos. Esto incluye tanto tus propios límites como los de tu pareja.

◦ **Ejercicio práctico**: Haz una lista de tus límites personales y compártelos con tu pareja. Anima a tu pareja a hacer lo mismo para que ambos puedan respetarse mutuamente.

4 Fomenta la independencia y el crecimiento personal: Una relación sana no significa fusionarse con la otra persona, sino crecer juntos mientras se mantienen vidas independientes.

◦ **Ejercicio práctico**: Dedica tiempo a tus propios intereses, hobbies y amistades. Asegúrate de que tu pareja haga lo mismo para que ambos se mantengan equilibrados y felices.

5 Aprende a gestionar los conflictos de manera constructiva: Las discusiones son inevitables en cualquier relación, pero lo que importa es cómo se manejan. En lugar de atacar a tu pareja o defenderte a toda costa, busca resolver el problema de manera constructiva.

◦ **Ejercicio práctico**: La próxima vez que tengas un conflicto, prueba la técnica de "tiempo fuera": toma un descanso de 10-15 minutos para calmarte antes de continuar la conversación.

LA IMPORTANCIA DE LA INTIMIDAD EMOCIONAL Y FÍSICA

Una relación saludable y auténtica no solo se basa en la comunicación y el respeto, sino también en la **intimidad emocional y física**. Estos dos tipos de intimidad son fundamentales para construir un vínculo sólido y duradero.

1 Intimidad emocional: Implica compartir tus pensamientos, miedos y esperanzas más profundos con tu pareja. Se trata de sentirte lo suficientemente seguro como para ser vulnerable.

○ **Ejercicio práctico**: Dedica un tiempo cada semana a tener una conversación en la que compartas algo que normalmente no le contarías a nadie más. Puede ser un miedo, un sueño o una experiencia que te haya marcado.

2 Intimidad física: Más allá de la atracción sexual, la intimidad física incluye el afecto diario, como los abrazos, los besos y las caricias. Estos gestos refuerzan el vínculo emocional entre las parejas.

○ **Ejercicio práctico**: Aumenta el contacto físico en tu relación de forma natural. Asegúrate de abrazar a tu pareja todos los días, o simplemente tómale la mano mientras ven una película juntos.

CÓMO MANTENER UNA RELACIÓN SALUDABLE A LARGO PLAZO

Construir una relación saludable es solo el comienzo; el verdadero desafío es **mantener** esa relación con el tiempo. Aquí hay algunas estrategias para mantener tu relación fuerte y equilibrada a largo plazo:

1 Dedica tiempo de calidad a tu pareja: A medida que las responsabilidades diarias aumentan, es fácil dejar de lado el tiempo para tu relación. Asegúrate de reservar tiempo cada semana para conectar con tu pareja.

○ **Ejercicio práctico**: Planifica una "cita" semanal en la que puedan desconectar de sus teléfonos y enfocarse el uno en el otro.

2 Sé agradecido y muestra aprecio: Expresar gratitud y aprecio por tu pareja es esencial para mantener una relación positiva.

º **Ejercicio práctico**: Cada día, encuentra una cosa por la que estés agradecido respecto a tu pareja y díselo. Esto refuerza el vínculo positivo entre ustedes.

3 Mantén el sentido del humor: Reír juntos es una excelente manera de reducir el estrés y fortalecer el vínculo entre ambos. No te tomes a ti mismo ni a tu relación demasiado en serio.

4 No tengas miedo de buscar ayuda profesional: Si te enfrentas a desafíos en tu relación que no puedes resolver por tu cuenta, no dudes en buscar la ayuda de un terapeuta de pareja. Esto puede ayudarte a identificar patrones destructivos y a desarrollar habilidades de comunicación.

EJEMPLO PRÁCTICO: EL CASO DE SARA Y MIGUEL

Sara y Miguel llevaban diez años casados, pero habían caído en la rutina y apenas pasaban tiempo de calidad juntos. Sentían que su conexión se había perdido y comenzaron a considerar la posibilidad de separarse. Sin embargo, en lugar de rendirse, decidieron asistir a terapia de pareja. Con la ayuda de su terapeuta, aprendieron a comunicarse de manera más efectiva y a establecer rituales de conexión, como salir a caminar juntos cada mañana. Después de meses de trabajo, redescubrieron su amor y fortalecieron su relación.

EJERCICIOS PRÁCTICOS PARA CONSTRUIR RELACIONES SALUDABLES

1 Ejercicio de visualización de futuro: Tómate un tiempo para visualizar cómo te gustaría que fuera tu relación en cinco años. Comparte esta visión con tu pareja y trabajen juntos para hacerla realidad.

2 Diario de relaciones: Lleva un diario en el que anotes tus pensamientos y sentimientos sobre tu relación. Reflexiona sobre lo que va bien y en qué áreas podrías trabajar para mejorar.

3 Desafío de los 30 días de aprecio: Durante un mes, encuentra una cosa positiva que tu pareja haya hecho y díselo. Esto ayudará a fortalecer su conexión y a fomentar un ambiente de gratitud en la relación.

CAPÍTULO TRECE

CULTIVANDO EL AMOR PROPIO

Paula había pasado gran parte de su vida buscando la aprobación de los demás. Desde pequeña, se había acostumbrado a recibir elogios por su rendimiento académico, su apariencia y su disposición para ayudar a los demás. Sin embargo, cuando nadie estaba mirando, se sentía vacía e insuficiente. Después de varias relaciones fallidas en las que su bienestar emocional dependía completamente de la atención y el afecto de sus parejas, decidió que era hora de cambiar. Al iniciar un proceso de introspección, se dio cuenta de que el problema no era la falta de amor por parte de los demás, sino la falta de **amor propio**.

El **amor propio** no es un concepto egoísta ni narcisista; es una necesidad fundamental para una vida emocionalmente equilibrada y saludable. A menudo, quienes luchan con la dependencia emocional descubren que, en el fondo, lo que realmente les falta es una relación sólida consigo mismos. Cultivar el amor propio es un proceso que lleva tiempo, pero es esencial para romper con los patrones de dependencia y desarrollar relaciones más saludables y satisfactorias.

¿QUÉ ES EL AMOR PROPIO Y POR QUÉ ES IMPORTANTE?

El amor propio es la **aceptación incondicional de uno mismo**, lo que significa valorarte tal como eres, con tus fortalezas y debilidades. No se trata de ser perfecto, sino de **reconocer tu valor intrínseco** y tratarte con la misma compasión y respeto que ofreces a los demás.

1 Características del amor propio:

o **Autoaceptación**: Aceptar tanto tus virtudes como tus defectos, sin castigarte por tus errores.

o **Autocompasión**: Ser amable contigo mismo en lugar de criticarte cuando fallas o te enfrentas a desafíos.

o **Autocuidado**: Priorizar tu bienestar físico, emocional y mental.

o **Autoafirmación**: Reconocer tus logros y recordarte que eres suficiente tal como eres.

2 Amor propio vs. egoísmo: El amor propio no es lo mismo que ser egoísta o egocéntrico. Mientras que el egoísmo implica priorizar tus necesidades a costa de los demás, el amor propio significa **cuidar de ti mismo** para poder estar en mejores condiciones de cuidar a otros.

LAS BARRERAS PARA DESARROLLAR EL AMOR PROPIO

A pesar de su importancia, muchas personas encuentran difícil cultivar el amor propio debido a diversas barreras internas y externas. A continuación, exploraremos algunas de las razones más comunes por las que la gente lucha con el amor propio:

1 Críticas internas y autoexigencia: La voz crítica interna que nos dice que no somos lo suficientemente buenos puede ser una de las mayores barreras para desarrollar el amor propio. Esta voz puede haberse originado en la infancia, cuando recibíamos críticas constantes de nuestros padres, maestros o compañeros.

○ **Ejemplo**: Daniel creció en un hogar donde se le exigía perfección en todo lo que hacía. Como adulto, no se permite cometer errores y se castiga severamente cuando no alcanza sus altos estándares.

2 **Comparación constante con los demás**: Las redes sociales y la presión social pueden llevarnos a compararnos constantemente con los demás, lo que socava nuestra autoestima y nos hace sentir que no somos lo suficientemente buenos.

3 **Miedo al rechazo y al abandono**: Muchas personas tienen miedo de ser auténticas por temor a no ser aceptadas. Esto lleva a un comportamiento complaciente y a una falta de autenticidad, ya que tratan de ser lo que los demás esperan que sean en lugar de ser ellas mismas.

4 **Creencias limitantes**: Las creencias internalizadas como "No soy lo suficientemente bueno" o "No merezco ser amado" pueden ser extremadamente perjudiciales y pueden impedir que desarrolles una relación saludable contigo mismo.

○ **Ejemplo**: Clara, después de varias rupturas amorosas, comenzó a creer que no era digna de amor y que nadie querría estar con ella.

CÓMO CULTIVAR EL AMOR PROPIO: ESTRATEGIAS PRÁCTICAS

Afortunadamente, es posible desarrollar el amor propio a través de la práctica consciente y la autoexploración. Aquí hay algunas estrategias que puedes utilizar para cultivar una relación más amorosa contigo mismo.

1 **Practica la autocompasión**: En lugar de castigarte cuando cometes un error, trata de ser amable contigo mismo. Habla contigo como lo harías con un buen amigo que está pasando por un momento difícil.

○ **Ejercicio práctico**: Cuando sientas que te estás criticando, detente y repítete: "Está bien cometer errores. Estoy aprendiendo y creciendo".

2 Establece límites saludables: Decir "no" y establecer límites claros es una forma de demostrar amor propio. No tienes que decir "sí" a todo solo para agradar a los demás.

○ **Ejercicio práctico**: La próxima vez que alguien te pida algo que realmente no quieres hacer, practica decir "no" de manera firme pero amable.

3 Lleva un diario de gratitud y autoafirmación: Escribir sobre las cosas que aprecias de ti mismo y de tu vida puede ayudarte a cambiar tu enfoque de lo que te falta a lo que ya tienes.

○ **Ejercicio práctico**: Cada noche, anota tres cosas por las que te sientas agradecido y tres cosas que te gusten de ti mismo.

4 Desarrolla una práctica de autocuidado: El autocuidado no se trata solo de tomar un baño caliente o de darte un capricho, sino de cuidar tu bienestar físico, emocional y mental de manera regular.

○ **Ejercicio práctico**: Dedica al menos 30 minutos al día a hacer algo que te haga sentir bien, como leer, practicar yoga, caminar al aire libre o simplemente relajarte en un lugar tranquilo.

5 Practica la atención plena (mindfulness): El mindfulness puede ayudarte a reconectar contigo mismo y a reducir los pensamientos negativos. Al estar presente, puedes observar tus pensamientos sin juzgarte.

○ **Ejercicio práctico**: Dedica al menos 10 minutos al día a una meditación enfocada en la respiración, prestando atención a cada inhalación y exhalación.

6 Rodéate de personas que te apoyen: Las relaciones tóxicas pueden erosionar tu amor propio, mientras que las personas que te valoran y te apoyan pueden ayudarte a desarrollar una imagen más positiva de ti mismo.

○ **Ejercicio práctico**: Evalúa tus relaciones actuales y haz un esfuerzo consciente para pasar más tiempo con personas que te hagan sentir bien contigo mismo.

REPROGRAMANDO TU DIÁLOGO INTERNO

Uno de los aspectos más importantes del amor propio es el **diálogo interno**. A menudo, somos nuestros peores críticos y nos hablamos de manera que nunca hablaríamos a otra persona.

1 Identifica tus pensamientos negativos: Presta atención a los pensamientos automáticos que surgen en tu mente. ¿Te dices cosas como "Nunca soy lo suficientemente bueno" o "Siempre arruino todo"?

○ **Ejercicio práctico**: Lleva un diario en el que registres tus pensamientos negativos. Luego, reformúlalos en afirmaciones positivas. Por ejemplo, cambia "No soy capaz" por "Estoy aprendiendo y creciendo cada día".

2 Practica afirmaciones positivas: Las afirmaciones pueden ser una herramienta poderosa para reprogramar tu mente y cambiar tu percepción de ti mismo.

○ **Ejercicio práctico**: Dedica unos minutos cada mañana a repetir afirmaciones como "Merezco amor y respeto", "Soy suficiente tal como soy" o "Confío en mis capacidades".

3 Acepta tus errores y aprende de ellos: En lugar de castigarte por los errores, úsalos como oportunidades de aprendizaje. La perfección no es realista, y los errores son una parte natural del crecimiento.

○ **Ejercicio práctico**: Cada vez que cometas un error, escribe tres cosas que hayas aprendido de esa experiencia y cómo puedes hacerlo mejor en el futuro.

EJEMPLO PRÁCTICO: EL CASO DE MARÍA

María había pasado años criticándose por su peso y su apariencia. Siempre se comparaba con otras personas y sentía que nunca era suficiente. Después de asistir a un taller sobre amor propio, comenzó a cambiar su enfoque. Empezó a practicar la gratitud, llevar un diario y repetirse afirmaciones positivas todos los días. Con el tiempo, notó un cambio en su forma de verse a sí misma. Ya no se castigaba por no ser perfecta, sino que celebraba sus logros y su progreso.

EJERCICIOS PRÁCTICOS PARA DESARROLLAR EL AMOR PROPIO

1 Escribe una carta a tu "yo" del pasado: Imagina que estás escribiendo a tu "yo" de 10 años atrás. Cuéntale lo orgulloso que estás de todo lo que ha logrado y lo mucho que ha crecido.

2 Crea un "tablero de visión": Llena un tablero con imágenes, palabras y frases que representen cómo te gustaría sentirte sobre ti mismo y cómo quieres vivir tu vida.

3 Desafío de autoafirmación de 30 días: Durante un mes, repite cada día una afirmación positiva frente al espejo. Observa cómo cambia tu percepción de ti mismo al final del mes.

Cultivar el amor propio no es un proceso que se logre de la noche a la mañana, pero con práctica y dedicación, puedes desarrollar una relación más fuerte y amorosa contigo mismo.

CAPÍTULO CATORCE

TU NUEVA VIDA: INDEPENDENCIA EMOCIONAL Y PAZ INTERIOR

Javier había pasado gran parte de su vida buscando la felicidad en los demás. Para él, la idea de estar solo era insoportable, y siempre había creído que su bienestar emocional dependía de tener a alguien a su lado. Después de una serie de relaciones tóxicas y momentos de angustia emocional, Javier llegó a un punto de agotamiento total. Fue entonces cuando decidió que algo tenía que cambiar. Empezó a trabajar en sí mismo, asistió a terapia, practicó mindfulness y, poco a poco, descubrió que la clave para sentirse completo no estaba en otra persona, sino en sí mismo. Finalmente, experimentó una sensación de **independencia emocional** que nunca antes había conocido, y con ella, una paz interior que cambió su vida.

La **independencia emocional** no significa que no necesites a los demás, sino que eres capaz de **encontrar la felicidad y el equilibrio dentro de ti mismo**, sin depender de la validación o el afecto externos. Al alcanzar este estado, puedes relacionarte con los demás desde un lugar de amor y abundancia, en lugar de necesidad y carencia. En este capítulo, exploraremos cómo puedes alcanzar la independencia emocional y mantener una paz interior duradera.

¿QUÉ SIGNIFICA SER EMOCIONALMENTE INDEPENDIENTE?

La independencia emocional es la **capacidad de estar en paz contigo mismo** y de encontrar satisfacción sin depender de los demás para tu bienestar emocional. Esto no significa que te cierres al amor o al apoyo de los demás, sino que no necesitas que alguien más valide tu valor o te haga sentir completo.

1 Características de la independencia emocional:

◦ **Autoconfianza**: Saber que eres capaz de manejar tus emociones y enfrentar los desafíos por tu cuenta.

◦ **Resiliencia emocional**: Ser capaz de recuperarte de las dificultades sin perder tu equilibrio emocional.

◦ **Autocompasión**: Tratarte con amabilidad, incluso cuando cometes errores o enfrentas desafíos.

◦ **Autonomía**: Tomar decisiones basadas en lo que realmente quieres, en lugar de lo que los demás esperan de ti.

2 Diferencia entre independencia emocional y distanciamiento emocional: La independencia emocional no es lo mismo que ser distante o frío. No implica evitar las relaciones o negar tus emociones, sino que te permite **relacionarte desde un lugar de plenitud**, sin apegarte excesivamente al resultado de la relación.

BARRERAS PARA ALCANZAR LA INDEPENDENCIA EMOCIONAL

Alcanzar la independencia emocional puede ser un desafío, especialmente si has pasado gran parte de tu vida dependiendo de la aprobación de los demás para sentirte valioso. Aquí hay algunas de las barreras más comunes:

1 Miedo al rechazo y al abandono: Muchas personas temen que, si se vuelven emocionalmente independientes, perderán a sus seres queridos o serán rechazadas. Este miedo puede llevarte a complacencia excesiva y a sacrificar tus propios deseos para mantener a los demás contentos.

◦ **Ejemplo**: Alicia siempre había dejado que sus parejas tomaran todas las decisiones en sus relaciones, por miedo a que, si expresaba sus propias opiniones, la dejaran.

2 Patrones de pensamiento negativos: Si te has acostumbrado a pensar que tu felicidad depende de los demás, puede ser difícil romper con ese ciclo. La idea de que "necesito a alguien para ser feliz" es una creencia limitante que puede impedirte encontrar la paz interior.

3 Heridas emocionales no sanadas: Las experiencias pasadas, como el rechazo, el abandono o la traición, pueden dejar cicatrices emocionales que dificultan tu capacidad de ser independiente emocionalmente.

4 Cultura y condicionamiento social: Vivimos en una sociedad que a menudo glorifica las relaciones románticas como la única fuente de felicidad. Esto puede llevarte a creer que, si no tienes pareja, algo anda mal contigo.

CÓMO DESARROLLAR LA INDEPENDENCIA EMOCIONAL

Alcanzar la independencia emocional es un proceso que requiere tiempo, paciencia y compromiso contigo mismo. Aquí te presento algunas estrategias que pueden ayudarte en este camino:

1 Conócete a ti mismo profundamente: El primer paso para ser emocionalmente independiente es **conocerte a ti mismo**. Esto incluye comprender tus necesidades, deseos, valores y límites.

◦ **Ejercicio práctico**: Lleva un diario en el que explores tus emociones y reflexiones sobre lo que realmente te hace feliz, más allá de las expectativas de los demás.

2 Practica el autocuidado y la autoafirmación: El autocuidado implica priorizar tu bienestar físico, emocional y mental. La autoafirmación significa recordar tu propio valor y celebrar tus logros, por pequeños que sean.

º **Ejercicio práctico**: Crea una lista de actividades que te hagan sentir bien contigo mismo y dedica tiempo a ellas cada semana. Esto puede incluir desde hacer ejercicio hasta disfrutar de un hobby o simplemente darte un baño relajante.

3 Desarrolla la autoaceptación y la autocompasión: Aceptarte tal como eres, con tus imperfecciones, es fundamental para la independencia emocional. No necesitas ser perfecto para merecer amor y respeto, tanto de ti mismo como de los demás.

º **Ejercicio práctico**: Cada noche, anota tres cosas que te gusten de ti mismo o que hayas hecho bien durante el día. Esto te ayudará a desarrollar una actitud más compasiva hacia ti mismo.

4 Establece límites saludables: Ser emocionalmente independiente significa ser capaz de **establecer límites claros** y decir "no" cuando sea necesario, sin sentirte culpable por hacerlo.

º **Ejercicio práctico**: Practica decir "no" en situaciones pequeñas. Esto te ayudará a desarrollar la confianza necesaria para establecer límites más grandes en tus relaciones personales.

5 Aprende a disfrutar de tu propia compañía: La soledad no es algo que deba temerse, sino una oportunidad para reconectar contigo mismo y descubrir quién eres sin la influencia de los demás.

º **Ejercicio práctico**: Dedica un día a la semana a hacer algo que disfrutes en soledad, como leer, pasear por el parque o ver una película que te guste.

ENCONTRANDO LA PAZ INTERIOR

La paz interior no es algo que se logre de la noche a la mañana, sino un estado de **equilibrio emocional** que puedes desarrollar a lo largo del tiempo. A continuación, se presentan algunas prácticas que pueden ayudarte a alcanzar una mayor sensación de paz interior:

1 Meditación y mindfulness: Estas prácticas pueden ayudarte a calmar tu mente y a reconectar contigo mismo. La meditación te permite observar tus pensamientos y emociones sin reaccionar a ellos.

◦ **Ejercicio práctico**: Dedica al menos 10 minutos al día a una meditación centrada en la respiración o en la gratitud.

2 Practica la gratitud: Apreciar lo que tienes en lugar de enfocarte en lo que te falta es una forma poderosa de cultivar la paz interior.

◦ **Ejercicio práctico**: Cada noche, anota tres cosas por las que estés agradecido. Esta práctica simple puede ayudarte a cambiar tu enfoque hacia lo positivo.

3 Acepta lo que no puedes controlar: Una de las principales causas de ansiedad es tratar de controlar lo incontrolable. Aprender a **soltar** y aceptar que no puedes cambiar ciertas cosas puede liberarte de una gran carga emocional.

◦ **Ejercicio práctico**: Cuando sientas ansiedad por algo que está fuera de tu control, respira profundamente y repítete a ti mismo: "No puedo controlar esto, pero puedo controlar cómo reacciono".

4 Rodéate de personas que te apoyen: Tener una red de apoyo que te anime y te respete es esencial para mantener la paz interior. Asegúrate de rodearte de personas que te inspiren a ser tu mejor versión.

◦ **Ejercicio práctico**: Haz una lista de las personas en tu vida que te aportan energía positiva y busca pasar más tiempo con ellas.

EJEMPLO PRÁCTICO: EL CASO DE CARLA

Carla siempre había dependido de su pareja para sentirse valorada y segura. Después de una ruptura dolorosa, se dio cuenta de que había perdido completamente su sentido de identidad. Decidió tomarse un año para enfocarse en sí misma, aprendiendo a meditar, practicando yoga y reconectando con viejos hobbies que había abandonado. Al final de ese año, Carla descubrió que no solo era capaz de ser feliz por sí misma, sino que también estaba mejor preparada para una relación basada en el respeto y la reciprocidad.

EJERCICIOS PRÁCTICOS PARA MANTENER LA INDEPENDENCIA EMOCIONAL

1 Carta a tu futuro yo: Escribe una carta a tu "yo" del futuro describiendo cómo te gustaría sentirte en un año. Reflexiona sobre los cambios que deseas ver en tu vida y en tu estado emocional.

2 Desafío de gratitud de 30 días: Durante un mes, dedica unos minutos cada día a escribir algo por lo que estés agradecido. Al final del mes, revisa tus notas y observa cómo ha cambiado tu perspectiva.

3 Visualización guiada: Dedica unos minutos cada día a visualizar cómo sería tu vida si fueras completamente independiente emocionalmente. Imagina cómo te sentirías al despertar cada mañana, qué decisiones tomarías y cómo interactuarías con los demás desde un lugar de paz interior.

Estas prácticas te ayudarán a desarrollar una **nueva vida basada en la independencia emocional** y la paz interior.

CONCLUSIÓN

Has llegado al final de este viaje, un recorrido que comenzó con la comprensión de la **dependencia emocional** y que ha culminado con el descubrimiento del **amor propio**, la **independencia emocional** y la **paz interior**. Si has llegado hasta aquí, es porque has decidido dar un paso valiente hacia la transformación de tu vida y de tus relaciones. Este no es el final, sino el comienzo de un **nuevo capítulo**, en el que eres capaz de construir vínculos más sanos, basados en el respeto, la confianza y la autenticidad.

La dependencia emocional no se supera de la noche a la mañana. Es un proceso que requiere tiempo, dedicación y, sobre todo, **paciencia contigo mismo**. Habrá días en los que te sientas fuerte y lleno de confianza, y habrá otros en los que dudarás de tus capacidades. Pero recuerda que cada pequeño paso que des en este camino es un avance hacia una versión más auténtica y plena de ti mismo.

Recapitulando el viaje

Hemos explorado juntos cómo las **heridas del pasado** pueden influir en tus relaciones actuales y cómo la sociedad, las creencias limitantes y los patrones aprendidos pueden atraparte en ciclos de dependencia emocional. También has aprendido a reconocer y romper esos patrones, estableciendo límites saludables y sanando tus heridas emocionales.

A lo largo de este libro, te hemos proporcionado **herramientas prácticas** para que te conozcas mejor, desarrolles tu autoestima, fortalezcas tu autoconfianza y encuentres la paz interior. Al aplicar lo que has aprendido, has comenzado a construir relaciones más auténticas, basadas en la reciprocidad y el respeto mutuo, en lugar de la necesidad y el miedo.

El camino hacia el amor propio

El mayor aprendizaje de este viaje es que **tú eres suficiente tal como eres**. No necesitas que nadie te complete ni que te valide para sentirte digno de amor y felicidad. El amor propio no es un destino al que se llega, sino un hábito que se cultiva cada día, en cada elección que haces y en cada pensamiento que alimentas.

Aprender a amarte a ti mismo te libera de la necesidad de buscar en los demás la validación que ya puedes encontrar dentro de ti. Te permite soltar relaciones que no te sirven, confiar en tu propio juicio y, sobre todo, vivir con mayor libertad y alegría.

El poder de la independencia emocional

Ser emocionalmente independiente no significa que debas enfrentar la vida solo o cerrarte a los demás. Al contrario, significa que ahora eres capaz de entrar en relaciones desde un lugar de **abundancia y plenitud**, sin necesidad de aferrarte a los demás para sentirte completo. La independencia emocional te permite **dar y recibir amor de forma auténtica**, sin miedo al rechazo o al abandono.

Mirando hacia adelante

Tu vida está llena de posibilidades. Cada día que despiertas es una nueva oportunidad para elegir el amor propio, la autenticidad y la paz interior. Las herramientas que has aprendido aquí no son solo para leerlas y olvidarlas, sino para integrarlas en tu vida diaria. Sigue practicando la atención plena, la autocompasión y el autocuidado. Sigue escuchando tu voz interior y establece límites que protejan tu bienestar.

Recuerda siempre que no hay un camino correcto o incorrecto, sino solo el camino que eliges. Tu viaje es único, y tú tienes el poder de **escribir tu propia historia**. Así que sigue adelante con coraje, amor y, sobre todo, con la certeza de que ya eres suficiente.

Que este libro te haya proporcionado la inspiración y las herramientas que necesitas para dar los próximos pasos en tu vida con confianza y serenidad. Y que, a partir de ahora, cada relación que construyas, tanto contigo mismo como con los demás, sea una que te nutra, te inspire y te llene de alegría.

Gracias por permitirnos acompañarte en este viaje de autodescubrimiento y transformación. Que tu nueva vida, basada en la **independencia emocional y la paz interior**, sea el inicio de una existencia más plena y auténtica.

Milton Keynes UK
Ingram Content Group UK Ltd.
UKHW032048231124
451423UK00013B/1219